# 日本共産党秘録

大下英治

# 日本共産党秘録

大下英治

# はじめに

結党九四年、日本共産党は、治安警察法下の大正一一年七月、東京・渋谷で非合法政党として産声をあげた。国内最古参の政党として、戦前・戦後から、時の権力に抗して主権在民と反戦の旗を掲げてきた歴史を持つ。

日本共産党は現在、平成二八年七月一〇日投開票の参議院選挙における「野党共闘」の台風の目として活気に満ちている。

共産党は、平成二六年一二月一四日投開票の衆議院総選挙では、なんと改選前の八議席から二一議席への大躍進を果たした。沖縄一区で勝利し、小選挙区で一八年ぶりに議席を獲得。さらに比例代表区では六〇六万二九六二票（得票率一一・三七パーセント）を集め、二〇議席を獲得し、衆議院での議案提案権を得た。

比例代表区での得票では、平成二五年七月投開票の前回の参議院選挙の五一五万四〇〇〇票から約九〇万票余り上回った。また、自民党が民主党から政権を奪還した平成二四年一二月一六日投開票の衆議院総選挙時の共産党の得票数約三六九万票と比較すると、僅か二年の間に、じつに二三七万票の支持者を増やしたことを示している。

今、なぜ共産党が「台風の目」か。

その答えは、昨年の夏から秋にかけ国論を二分した安保法制論議に他ならない。安保法制を巡る激論は国会の内外に及んだ。SEALDs（自由と民主主義のための学生緊急行動）をはじめ、学生・市民革命的な運動の広がりに、安保法制廃案の一点の大義において、共産党は「野党共闘」という歴史的決断をした。今夏の参議院選挙において、全国三二の一人区すべてに「野党統一候補」を立てた意義はあまりに大きい。まさに、歴史的決断と言える「野党共闘」である。


平成二七年八月三〇日、参議院で審議中の安全保障関連法案に反対する市民による抗議行動が、永田町の国会議事堂前やその周辺をぎっしりと埋め尽くした。主催者発表によると、参加者は一二万人で、安保法案を巡る抗議行動では過去最大であった。

参加者が歩道からあふれて、警察側が車道を開放した。市民らは国会議事堂を真正面に見据えた車道に帯のように広がって、雨の中、「戦争法案廃案」、「安倍政権退陣」と叫び続けた。

プラカードやのぼりを持ち、抗議のために集まった群衆は、国会だけでなく、霞が関や日比谷周辺まであふれた。

デモを主催したのは、平和運動を続けてきた市民たちでつくる「戦争させない・九条壊すな！総がかり行動実行委員会」であった。五月に立ち上がった東京都内の大学生らがつくる

「SEALDs」のほかに、大学教授や研究者らの「学者の会」、子育て世代の「安保関連法案に反対するママの会」など、この夏に続々とできた団体が加わり、ともに声を上げた。

この日は、共産党の志位和夫《しいかずお》、民主党（現・民進党）の岡田克也《おかだかつや》、社民党の吉田忠智《よしだただとも》、生活の党と山本太郎となかまたちの小沢一郎《おざわいちろう》ら野党各党の党首や、音楽家の坂本龍一《さかもとりゅういち》もスピーチに立った。

SEALDsの中心メンバーのひとりで明治学院大の奥田愛基《おくだあき》は、デモに集まった人たちに呼びかけた。

「国会前の車道を埋め尽くして人々が声を出している。怒りであり、叫びです。憲法を守った方がいいって、おかしな主張ですか」

奥田の呼びかけに対して、群集からは、大きな歓声が上がった。

抗議やデモは、都内だけでなく、北海道、名古屋、大阪、福岡、沖縄など全国各地でおこなわれた。主催者の集計によれば、少なくとも全国約三五〇カ所に及び、時間をあわせて「法案絶対反対」などのコールを同時に上げたという。

わたしは、このデモの動きを見ていると、昭和三五年の岸内閣の時のいわゆる「六〇年安保騒動」の光景が鮮やかによみがえってきた。

奥田ら現代大学生を中心とするラップ調のファッショナブルな踊りとともに叫ぶデモに、もの悲しさは感じられない。

このように底抜けに明るい反安保デモを見ていて、共産党がかつて「アカ」と呼ばれ、凄まじい弾圧にも屈しないで主張を貫いてきたことを知る人は少なくなってきているのではないか、と思った。

永遠のベストセラー『蟹工船《かにこうせん》』の作家小林多喜二《こばやしたきじ》は、戦前の日本が一五年戦争へと向から軍国化の時代に抗《あらが》い、平和と国民が主人公の社会の実現を目指して闘った共産党員であった。昭和八年二月二〇日逮捕。警視庁特高係長の指揮の下に、寒中丸裸にされ、握り太のステッキで打ってかかられた。節を曲げなかった小林は、ついに死亡した。小林の遺体は、全身が拷問によって異常に膨れ上がっていた。特に下半身は内出血によりどす黒く腫《は》れ上がっていたという。二九歳の若き死であった。

このように治安維持法下の大弾圧で多くの共産党員が投獄されたが、生きのびるために共産党を離れた党員も多い。

その中には、資本主義の欠点と矛盾を突き、資本家側に転じて、かつての視点も活かし、華やかな活躍を見せた人物もいた。

しかし、戦前の大弾圧時代にも、決してひよることなく戦い抜いたのが、戦後、日本共産党中央委員会議長として、共産党のシンボル的存在であった宮本顕治《みやもとけんじ》である。

読売新聞グループ代表取締役・主筆の渡邉恒雄《わたなべつねお》も、意外と思う人もいるであろうが、昭和二〇年四月、東大文学部哲学科に入学後、戦後間もなく日本共産党に入党した。渡邉はその後、除名されたが、のちに「回想録」で宮本を高く評価している。

「若い頃は、『改造』の懸賞論文で小林秀雄《こばやしひでお》と競ってトップになった『「敗北」の文学』を書くようなインテリだし、（第二次）共産党壊滅後は獄中で一四年、網走《あばしり》だけでも一二年も耐えられた精神力を持った人だ。戦後、どんどん指導者が党を除名され没落してゆくなかで、最後まで生き残った政治力は、保守政治家も学ぶべきものがあると思う。やはり一流の政治家だよ。宮本顕治は歴史に残る、滅多に出ない人材だと思う」

なお、共産党は昭和三〇年七月の第六回全国協議会、いわゆる「六全協」で、党の統一を回復する。

本書は、日本共産党の戦前、戦後の戦いから、今日までの日本共産党史の実相について、党幹部への取材で明らかにした。

志位和夫委員長は、前回の参院選の躍進を受け、語っている。

「いよいよ本格的な〝自共対決〟の時代を迎えている」

反自民党の受け皿となる政党は、共産党しかない。そのことが参院選の結果からも共産党が支持された理由というのだ。

平成二六年一月一五日から四日間、日本共産党は三年に一度開催される第二六回党大会を静岡県熱海市の伊豆学習会館で開いた。志位が大会への報告に立った。

「東京都議選、参院選で開始された党躍進を一過性のものに終わらせず、日本の政治を変える大きな流れへと発展させ、二〇一〇年代を党躍進の歴史的時代にしていく。戦争する国づくり、暗黒日本への道を許さない」と訴えた。

平成二五年の臨時国会で採決された国家安全保障会議、日本版ＮＳＣ法や秘密保護法、それに続く「国家安全保障戦略」の閣議決定、その延長線上に浮かびあがる自民党政治を安倍内閣の「海外で戦争する国」づくりへの野望と断じ、

一．憲法九条を改変し、自衛隊が米軍とともに戦闘地域で戦争行動ができるようにする。

二．「専守防衛」の建前すら投げ捨て、自衛隊を海外派兵の軍隊に大改造する。

三．「海外での戦争」に国民を動員する仕組みをつくる。

と三つの点から批判した。その上で、

◎憲法九条改変、「戦争する国」づくりに反対し、憲法を守り活かす闘いを発展させる。

◎軍拡計画をやめさせる。

◎秘密保護法の廃止や共謀罪の新設を許さず、「愛国心」押し付けを拒否する。
それぞれの論点で、「日本の理性と良識を総結集した大闘争に合流・発展させよう」と訴えた。

また、「戦争する国」づくりに抗して、「北東アジア平和協力構想」が平和と安定をもたらす最も現実的で抜本的な方策だ、と力説した。

さらに、前回の参院選での議席増による「第三の躍進」を本格的な流れにすることが「二一世紀の早い時期に民主連合政府を樹立する目標への展望を開く」と強調した。


平成二八年四月一〇日、志位委員長は第五回中央委員会総会で夏の参議院選挙における「野党共闘」に至る歴史的決断を幹部会報告の中で熱く訴えた。以下はその骨子である。


「歴史的な参議院議員選挙が、投票日まで目前に迫りました。この参議院選挙は、安倍政権打倒をめざし、野党共闘の成功のために力を尽くしつつ、日本共産党の躍進を勝ち取るという、これまでやったことのない新たなたたかいへの挑戦となります。

現在の情勢の特徴をどうとらえるか。歴史の本流と逆流が真正面からぶつかりあう、戦後かつてない新しい歴史的局面が生まれています。

安倍政権は、昨年九月一九日、多数の国民の強い反対の声を踏みつけにして、安保法制＝戦争法強行という暴挙を行いました。

戦争法は、憲法九条を踏みにじって自衛隊の海外での武力行使を行う仕組みが幾重にも盛り込まれた明白な違憲立法です。それは憲法のもとで、自衛隊創設後も、一人の外国人も殺さず、一人の戦死者も出してこなかった、戦後日本の平和の歩みを根底から覆すものです。それはまた、『憲法九条のもとでは集団的自衛権は行使できない』という戦後六〇年余にわたる政府の憲法解釈を、一内閣の勝手な判断で一八〇度変更するという、立憲主義を乱暴に破壊するものです。安倍政権が、解釈改憲に続いて、憲法九条改定を最大の標的とした明文改憲への野望をむき出しにしていることも、きわめて重大であります。

日本社会は、戦後最も深刻な、権力者による憲法破壊――独裁政治に道を開く非常事態に直面しています。

こうして今、日本は、戦後最大の歴史的岐路に立っています。独裁政治と戦争国家への逆流を許すのか、立憲主義・民主主義・平和主義を貫く新しい政治を築くのか。二つの道の選択が問われています。きたるべき参議院選挙は、この選択が問われる、最初の一大政治戦となります。

日本共産党は、『安保法制＝戦争法廃止、立憲主義回復』という国民的大義で一致する、すべての政党・団体・個人と力をあわせ、安倍政権を倒し、自民党政治を終わらせて、新しい政治、新しい政府への道を開くために全力をあげて奮闘するものであります。

平成二八年二月一九日、五野党党首会談——日本共産党、民主党、維新の党、社会民主党、生活の党の五党による党首会談が行われ、安保法制＝戦争法を廃止する法案を共同して提出することを確認するとともに、五野党共同の取り組みの方針として、次の四点を確認しました。

第一に、安保法制の廃止と集団的自衛権行使容認の閣議決定撤回を共通の目標とする。

第二に、安倍政権の打倒をめざす。

第三に、国政選挙で現与党およびその補完勢力を少数に追い込む。

第四に、国会における対応や国政選挙などあらゆる場面でできる限りの協力を行う。

五野党党首合意は、『野党は共闘』を望む多くの国民の声に応えた、画期的な意義をもつものです。とくに三つの点を強調したいと思います。

一つは、時の政権を打倒することを正面の目標に掲げて、野党が全国的規模で選挙協力を行って国政選挙にのぞむというのは、日本の戦後政治史でも初めてのたたかいとなるということであります。

二つ目は、この五野党党首合意を可能にした最大の力は、市民・国民の世論と運動だということです。戦争法反対の国民的運動は、法案強行後も、『9・19を忘れない』と持続的運動となって発展しています。とくに、昨年一二月、戦争法に反対してきた諸団体の市民有志のみなさんが、『安保法制の廃止と立憲主義の回復を求める市民連合』を結成し、参議院選挙における野党共闘を強く求めたことは、大きな後押しとなりました。こうして、来たる参議院選挙は、広範な市民・国民の運動と、野党との共同の力で、選挙戦をたたかうことになります。これも、日本の戦後政治史で初めてのたたかいであります。

三つ目に、日本共産党は、昨年九月一九日午後、安倍政権が戦争法を強行した直後に、第四回中央委員会総会を開き、『戦争法（安保法制）廃止の国民連合政府』の『提案』を行い、中央段階でも、全国各地でも、『提案』に基づいて粘り強い努力を重ねてきました。このことは、五野党党首合意の実現への重要な貢献となったと考えます。日本共産党の野党共闘の提案が、現実政治にこれだけ大きな影響を与え、一歩ではありますがそれを動かす力を発揮したのは、党の歴史のなかでも初めてのことであります。

五野党党首合意――民主党と維新の党の合流による民進党発足で現在は四野党となりました――に基づく野党共闘の到達点と今後の課題について報告します。

第一は、参議院選挙の全国三二の一人区での選挙協力についてであります。

わが党は、野党共闘を前進の軌道に乗せるという大局に立って、参院選一人区については、

『安保法制＝戦争法の廃止、立憲主義回復という大義の実現のために、思い切った対応を行う』ことを表明し、協議を進めてきました。

わが党は、三二の一人区のすべてで野党統一候補を実現するために全力をつくすものでありま す。

第二は、安保法制＝戦争法以外の政策課題でも、中央段階、県段階で協議し、可能な限りの一致点を得ることであります。

中央段階の書記局長・幹事長会談では、戦争法廃止以外の政策面での共通項についても協議することが確認され、消費税、原発、ＴＰＰ（環太平洋戦略的経済連携協定）、沖縄、憲法などについて、引き続き協議することとなっています。野党統一候補が実現した宮城県では、『アベノミクスによる国民生活の破壊を許さず、広がった格差を是正する』、『原発に依存しない社会の早期実現』、『不公平税制の抜本是正』、『民意を踏みにじって進められる米軍辺野古《へのこ》新基地建設に反対』などが政策協定に盛り込まれました。

五野党は『安倍政権打倒をめざす』で一致しており、この立場に立って真剣な協議を行えば、国民の民意に背く暴走を止め、転換を図るという点で、さまざまな分野で前向きの一致を得ることは可能だと考えます。

また、五野党は、国会で、安保法制廃止法案とともに、介護・福祉職賃上げ法案、児童扶養《ふよう》手当拡充法案、保育士処遇改善法案などを、共同提出していますが、これらの内容は、野党の『共通政策』になりうるものであります。

野党共闘の中身を、切実な暮らしの問題も含めて豊かなものにしていくために、引き続き力をつくします。

第三は、衆議院選挙小選挙区での選挙協力を推進することであります。

五野党党首合意では、『国政選挙』での『協力』を確認しており、『国政選挙』の中には、当然、衆議院選挙も含まれます。わが党は、衆院小選挙区での選挙協力は、直近の国政選挙の比例代表選挙の野党各党の得票を基準に、相互支援を行うことを原則に、推進することを提案しています。そして、どういう原則で選挙協力を行うかも含めて、速やかに衆院選での選挙協力の協議に入ることを呼びかけています。

この点で、日本共産党、旧維新の党、社民党、生活の党の四党では一致が確認されました。しかし、民進党は「協議に入れない」との態度をとっています。

第四は、野党連立政権についての前向きの合意をつくることであります。

私は、二月一九日の五野党党首会談の際に、わが党が提唱している『国民連合政府』について、安保法制＝戦争法の廃止、集団的自衛権行使容認の閣議決定の撤回のためには、『この二つを実行する政府が必要だという立場には変わりがない』と述べつつ、この問題については野党間でも賛否がさまざまであることを考慮し、『政権の問題は、横に置いて選挙協力の協議に入り、今後の協議のなかでわが党の主張をしていきたい』と表明しました。

五野党党首合意のどの項目をとっても、本気で実行しようとすれば、野党連立政権が必要となります。たとえば本気で、「安倍政権打倒をめざす」ならば、打倒した後にどういう政権をつくるのか、どの野党にも責任ある回答が求められるでしょう。与党との論争でも、政権問題はいやおうなしに問われてくるでしょう。

この間の書記局長・幹事長会談では、政権の問題についても協議していくことが確認されています。わが党は、『国民連合政府』こそが安倍政権に代わる現実的で合理的な政権構想であると確信しており、この『提案』の方向で野党間の前向きの合意が得られるよう力をつくします。

政府・与党は、野党共闘が政権の土台を揺るがす力をもつかもしれないと危機感を持ち始めています。安倍首相は、三月の自民党大会で、『今年のたたかいは、自民党、公明党、連立政権対民主党、共産党、民共の勢力とのたたかいになる』と、対抗心をむき出しにしました。しかし、たたかいの構図は、『自公対民共』ではなくて、『自公とその補完勢力』対『四野党プラス市民・国民』にほかなりません。

日本共産党は、参議院選挙を、憲法違反の安保法制＝戦争法を強行した自民・公明とその補完勢力を少数に追い込み、安倍政権を退陣させ、日本の政治に立憲主義、民主主義、平和主義を取り戻す選挙にしていくために全力をあげて奮闘します。

そのために、次の二つの大目標をやりぬきます。

第一は、野党共闘を必ず成功させることであります。全国三二の一人区のすべてで野党共闘を実現し、すべてで自公に打ち勝つために全力をつくします。一人区のすべて、少なくともその多数で、野党の本格的な結束をつくりだすことができるならば、そのプラスの影響は複数区や比例区にも波及するでしょう。たたかいの構図が全国的規模で浮き彫りになり、選挙戦全体の様相が一変することは間違いありません。

第二は、日本共産党の躍進を必ず勝ち取ることであります。政党を選ぶ比例代表選挙を軸にすえ、『全国は一つ』の立場で大奮闘し、全国で『八五〇万票以上、一五パーセント以上』を獲得し、八議席を絶対に確保し、九議席に挑戦します。

報告の第二の主題は、参議院選挙の政治論戦についてであります。

日本共産党は、他の野党、市民と力をあわせて、安保法制＝戦争法を廃止し、立憲主義を取り戻すことを、参議院選挙の最大の争点にすえてたたかいます。

戦争法が三月二九日に施行されました。この法律をそのままにしておくと日本はどうなるか。

三つの大問題が引き起こされることを指摘しなければなりません。

第一は、日本の自衛隊が、戦後初めて外国人を殺し、戦死者を出すという危険が現実のものとなることであります。

戦争法には、『戦闘地域』での米軍等への兵站《へいたん》の拡大、戦乱が続いている地域での治安活動、地球のどこでも米軍を守るための武器使用、そして集団的自衛権の行使――自衛隊の海外での武力行使を可能にする四つの仕組みが盛り込まれています。そのどれもが、戦争を放棄し、戦力保持を禁止した憲法九条を乱暴に蹂躙《じゅうりん》するものであることは、国会論戦を通じて、すでに明々白々となっています。

集団的自衛権は、戦争法のなかでも憲法違反の核心部分ですが、これは、いかなる意味でも、日本の自衛とも、日本国民の命を守ることとも、関係がありません。

米国が、ベトナム戦争やイラク戦争のような先制攻撃の戦争に乗り出した場合に、言われるままに集団的自衛権を発動し、『自衛隊の全部又は一部』を出動させて、侵略国の仲間入りをする――ここにこそ、その現実の危険があります。

自民党などは、この間、北朝鮮が、国連決議を無視した核兵器・ミサイル開発の暴挙を行ったことを利用して、『集団的自衛権を備えないと、日米同盟がうまくいかず、北朝鮮の脅威から国を守れない』などと言い募っています。しかし、北朝鮮問題に対応するのに、どうして集団的自衛権が必要なのか。この問題に関連して、大森政輔《おおもりまさすけ》元内閣法制局長官が、昨年の国会の参考人質疑でつぎのように述べたことは、注目されます。

『わが国が集団的自衛権の行使として、……第三国に武力攻撃の矛先を向けますと、その第三国は、……わが国に対して攻撃の矛先を向けてくることは必定であり、集団的自衛権の抑止力以上に紛争に巻き込まれる危険を覚悟しなければならず、バラ色の局面到来は到底期待できない』

集団的自衛権の行使とは、日本に対して武力攻撃をしていない国に対して、日本の側から武力の行使をすることです。それは、相手国から見れば、事実の問題として、日本による先制攻撃となります。それは、相手国に、日本を攻撃する大義名分を与えることになります。国民の命を守るのではなく、国民を進んで危険にさらす――ここにこそ集団的自衛権の本質があるのです。北朝鮮問題を利用して、戦争法を合理化することは、論理上、まったく成り立たないということを強調したいと思います。

戦争法が施行されたことによって、自衛隊が『殺し、殺される』、差し迫った危険が生まれています。

わが党は、国会論戦で、激しい内戦状態が続く南スーダンのＰＫＯ（国連平和維持活動）に派兵されている自衛隊の任務拡大、過激武装組織ＩＳに対する軍事作戦への自衛隊の参加、アフガニスタンの治安部隊を支援するＲＳ任務（確固たる支援活動）への自衛隊の参加などが、最初の『殺し、殺される』ケースになりかねないことを、強く警告してきました。戦争法は一刻も放置できません。その廃止は急務であることを、強く訴えるものであります。

第二は、安倍政権が、戦争法強行に際して、立憲主義を乱暴に破壊するやり方をとったことが、法治国家としての土台を根底から危うくしていることであります。

立憲主義とは何か。憲法によって権力を縛るということであります。たとえ国会で多数を持つ政権党であっても、憲法の枠組みに反する政治をしてはならないということであります。権力が憲法を無視して暴走を始めたらどうなるか。『法の支配』が『人の支配』に代わり、独裁政治の始まりになります。

第三は、安倍首相が、参議院選挙で、自民・公明や『おおさか維新』など改憲勢力で三分の二以上の議席をめざすとして、明文改憲への執念を剝き出しにしていることであります。

安倍首相が、『憲法を改正していく。自民党は憲法改正草案を決めている』と述べ、『（来たるべき国政選挙で）この草案をお示ししていきたい』と公言するもとで、『自民党改憲案』を許していいのかどうかは、参議院選挙の大争点となっています。

『自民党改憲案』は、憲法九条二項を削除し、『国防軍』の創設を明記しています。これは、自衛隊の海外での武力行使を、何の制約もなしに行えるようにし、『海外で戦争する国』づくりを完成させようというものにほかなりません。

『自民党改憲案』は、『緊急事態条項』の創設を明記しています。首相が『緊急事態の宣言』を行えば、内閣が立法権を行使し、国民の基本的人権を停止するなど、事実上の『戒厳令』を可能にするというものであります。

さらに、根本的な問題は、『自民党改憲案』が、『憲法を憲法でなくしてしまう』ということであります。『自民党改憲案』では、憲法一三条の『個人として尊重』を、『人として尊重』という表現に置き換え、『個人の尊重』『個人の尊厳』という立憲主義の根本原理を抹殺してしまっています。『公益及び公の秩序』の名で基本的人権の抑圧ができる仕組みに改変されています。基本的人権を『侵すことのできない永久の権利』と規定した憲法九七条がまるまる削除されてしまっています。これらは、『憲法によって権力を縛る』という立憲主義を全面的に否定し、『憲法によって国民を縛る』ものへと根本的に変質させようというものにほかなりません。

私たち日本国民が、戦争の惨禍と幾多の人々の犠牲のうえに手にした世界に誇るべき日本国憲法を、およそ憲法とは呼べない戦争と独裁と抑圧の道具へと置き換える、途方もない時代逆行の企てを、絶対に許してはなりません。

『自民党改憲案』＝安倍改憲を許すか、安保法制＝戦争法の廃止かは、参議院選挙の大争点であります。

野党共闘の勝利、日本共産党の躍進で、自民党、公明党と、その補完勢力――『おおさか維新』に厳しい審判を下し、安倍改憲の野望を打ち砕こうではありませんか」

「野党共闘」の核心を握る共産党の動向が、日本政治を変え得る可能性が高まっていることは確かだ。

# 目次



## 序章　小池晃書記局長直撃！「野党共闘」が変える日本政治

# 第一章 日本共産党の現在

# 第二章

# 日本共産党秘録

## 第三章

# 戦後世代と日本共産党

## 第四章　しんぶん赤旗と党組織



## 第五章　共産党が目指す社会とは何か

写真　小池伸一郎
装丁　前橋隆道
　　　長島理恵

# 序章

## 小池晃書記局長直撃！

# 「野党共闘」が変える日本政治

## “野党共闘”の意義

筆者は、衆議院北海道五区の補欠選挙直後の平成二八年四月二六日、日本共産党書記局長の小《こ》池晃《いけあきら》参議院議員に「野党共闘」の意義について直撃インタビューしました。

「平成二八年四月二四日に行われた衆議院北海道五区の補欠選挙で、日本共産党や民進党、社会民主党、生活の党と山本太郎となかまたちなどの推薦で野党統一候補として出馬した無所属の池《いけ》田真紀《だまき》候補は、大接戦の末に、亡くなった町村信孝《まちむらのぶたか》さん（元衆議院議長）の娘婿《むすめむこ》の和田義明《わたよしあき》（自民党公認）候補に敗れました。ですが、池田候補は一二万三五一七票を獲得し、一三万五八四二票の和田候補に約一万二〇〇〇票差まで迫りました。

勝利できなかったことは、とても残念ですが、この選挙から我々の得たものは大きいと思っています。

この補欠選挙は、今年二月一九日に、五野党の党首で参院選における選挙協力の合意をしてから初めての国政選挙でした。これまでに例のない、市民と野党が一体となって、戦う選挙でした。

当初は、自民党の候補者が圧倒的に優位と言われていましたが、選挙戦の中で、かなり追い詰めることができました。野党共闘の力がいかんなく発揮されたと思っています。

私自身、『勝てる』と思いながら、戦っていました。反応も非常に良かったですし、世論調査の結果も拮抗していました。調査によっては、池田真紀候補の方がポイントが上になっているものもありました。実際に、マスコミでも予想が割れていました。

また、応援に行った際の有権者からの反応はとても良いものでした。札幌市内の反応もとても良くて、本気で手を振り返してくれる人が多かったんです。実際に開票してみると、札幌市厚別《あつべつ》区は四〇〇〇票ほど池田候補が勝っていました。そのほかにも、自衛隊の基地がある千歳《ちとせ》市と恵《え》庭《にわ》市では相手候補に後塵《こうじん》を拝しましたが、江別《えべつ》市と北広島《きたひろしま》市でもリードしました。農村部でも石《いし》狩《かり》市では勝っていました。

無党派層の支持でも、七対三でしたから、もう少し投票率が高ければ、逆転できたのではないかと思っています。

といっても、補欠選挙にしては、非常に高い投票率だったんです。前回の衆院選に近い五七・六三パーセントでしたから。同時に行われていた京都府三区の補欠選挙が三〇・一二パーセントですから、北海道五区の補選がいかに注目を集めていたかがわかるかと思います。

私たちが注目しているのは、補欠選挙にも拘《かか》わらず野党共闘に注目が集まり、投票率が上がったという点と、無党派層の七割の支持を池田真紀候補が受けたという点です。

野党が一つになることによって、政治が変わる可能性をより感じていただけたのではないか、と思っています。今回の補選に限らず、参院選ではすべての一人区で、自分の一票で自民党政権を打ち負かすことができるかもしれない、と有権者の方たちに思ってもらえるような構造をつくらなくてはいけません。

今回は補欠選挙でしたが、これが本選挙になれば、さらに関心が高まって、もっと投票率が上がるはずです。そうなってくれれば、より強く有権者の方たちに実感してもらえることでしょう。

## 歴史的な事件

私は補選の翌日の記者会見で、今回の野党共闘を『〝初デート〟にしてみれば、非常にうまくいった』と表現しました。その表現が適切かどうかはともかくとして（笑）、最初にぎこちなさがあったのは事実です。ですが、選挙を戦うにつれて、信頼感が急速に高まっていったのも、もう一つの事実です。

選挙戦の最終日には、共産党との選挙協力に対して否定的な発言もされていた民進党の前原誠司《まえはらせいじ》さんとも一緒に選挙カーに上がって、演説をしました。

前原さんは、『生まれて初めて共産党の議員と一緒に演説した』と語っていました。

僕は、その日、前原さんと四カ所で一緒に演説をしたのですが、次第になじんできて、最後は二十年来の同志であるかのような気持ちになりましたよ（笑）。前原さんも、最後には、僕の肩に手を伸ばしてきて、びっくりしました。

やはり、行動をともにするなかで、お互いの先入観やアレルギーなども払拭していくことができるんだ、と実感しました。

何よりも、現地で戦っていた選対のスタッフや支援者同士が、非常に信頼関係を強めています。僕が池田真紀候補の選対本部に激励に行った際に、選対本部長を務めていた民進党所属の勝部《かつべ》賢志《けんじ》北海道議会議員や、事務局長を務めている北海道連合の幹部の方から、『今回の選挙で、共産党が本当に頑張ってくれている。こういう戦い方ができたのは、共産党の決断のおかげだ』と感謝されました。

一緒に仕事をするなかで、お互いの信頼関係も深まってきますし、向こうが変わるだけじゃなくて、こちらも変わるんです。

共産党にとっても、今まで選挙を戦っていた民進党と協力するのは、おっかなびっくりでやっているところがあるわけですから。

協力してみたら、しっかり話し合いもできますし、同じ思いで戦えるというのは、実感として非常に高かったです。

最初の戦い方としては、一〇〇点満点に近いといってもいいんじゃないかなと思っています。

最終盤に、応援演説を野党が並んでできたことも良かった。

共産党の穀田恵二《こくたけいじ》さんと民進党の前原誠司さんは、ずっと京都府で激しい選挙戦を繰り広げてきた間柄なんです。その二人が選挙カーにともに立って演説したというのは、とても象徴的なことだったと思います。

僕自身も、これまでに、いろんな集会で他の野党の議員さんと一緒に挨拶をすることはありましたが、国政選挙で一人の候補を勝たせようと一緒に演説したことはありませんでした。

私は選挙カーの上で、『これは事件です』と言いましたが、歴史的な事件だったと思います。

また、そうやって、野党が勢ぞろいして、応援演説をした今回の姿こそ、野党共闘のこれからの行く末を暗示していると思います。

## 邪道を邪道と思わない安倍政権

衆議院北海道五区の補選の間に、熊本地震があり、与党側に有利な状況になったと言われていますが、どこまで影響があったかはわかりません。

大規模災害が発生すると、与党に有利になるとよく言われますが、松本文明《まつもとふみあき》内閣府副大臣が更迭《こうてつ》されたり、地震が続いているのに、鹿児島の川内《せんだい》原発を止めようとしないことへの不安など、与党に対する明確な批判の声が上がりました。

そういう面では、必ずしも震災対応によって、与党が有利になったとは思えません。

熊本地震後も、可能性がささやかれた衆参のダブル選挙についても、憲法に照らしてあまりに邪道ですが、決してないものとは思っていませんでした。なぜなら、現在の安倍政権は、邪道を邪道と思わない人たちですから。ただ、言えることは、被災地に負担を強いる衆議院の解散は今、絶対にやるべきではないということです。

そもそも衆議院の任期は、四年間です。

もし、参院選に合わせて解散したら、平成二四年、二六年、二八年と四年間のうちに三回も選挙をすることになります。

世界から見たらありえない話で、それこそ政情不安の国ですよ。しかも、熊本地震からまだあまり月日が経っていません。

被災地はかなり混乱して、たくさんの被害が出ています。なかには地震の影響で、立ち入り禁止になり、使えなくなっている役所もあるわけです。

もし解散をしたら、批判が高まることは間違いありません。当たり前の良識を持っていれば、解散はしないと思います。ですが万が一、解散をして、ダブル選挙になった場合は、もちろん受けて立ちます。

その場合は、野党協力も思い切って一気に進めなくてはいけません。

逆に、衆参のダブル選挙にならない場合は、時間をかけてさらに議論をすることもあると思います。どちらがいいかというのは、一長一短だと思います。

## 総選挙も協力すべきだ

いずれにしろ、〝安倍一強〟政権と戦うわけですから、私は衆院選でも野党は選挙協力をするしかない、と思っています。参院選だけ協力して、衆院選は協力しないというのは、有権者からしても、おかしな話だと思います。

もちろん、民進党には、共産党との選挙協力に対して否定的な見方をしている議員の方もいらっしゃいます。ですが、今回の衆議院北海道五区の補欠選挙の結果を見て、そうした意識も変わってくるのではないか、と思います。

出口調査の結果を見れば明らかですが、民進党の支持者も共産党の支持者も、九六パーセントが池田真紀候補に投票しているんです。共産党と選挙協力すると、保守系の民進党の支持者の票が逃げるのでは、とよく言われていましたが、取りこし苦労でした。その点でも選挙協力はうまくいっていたんです。

この結果を見れば、その点を危惧している民進党の議員の方も、考え方を変えるのではないでしょうか。

例えば、民進党の安住淳《あずみじゅん》国対委員長は、『総選挙も協力するべきだ』とはっきりおっしゃっています。そういう意見は、これからもっと強まっていくのではないでしょうか。

先ほど前原誠司さんと一緒に演説した話をしましたが、前原さんなりに政局を読んで考えて行動した部分もあるんじゃないかなと僕は思うんです。民進党の執行部も最終的には、そういう決断をするんじゃないかなと思いますよ。

## 「力あわせ、未来ひらく。」の真意

今回の夏の参院選で日本共産党は、比例区での獲得票数の目標を八五〇万票以上としています。平成二五年の参院選が五一五万票、二六年の衆院選が六〇六万票でしたから、かなり得票を伸ばさないと実現できませんが、私は大いに実現可能な数字ではないかと思っています。

この得票数を実現できれば、九人の重点候補者が当選することができます。重点候補者は当初、八人でしたが、引退予定だった市田忠義《いちだただよし》さんが再選を目指して出馬することになり、九人になりました。

これから野党協力をさらに発展させていくうえで、政党間の話し合いになる場面が増えていきます。その時には、市田忠義さんのように経験豊富なベテランの力が必要ですから、もう一期、国政に挑戦していただくことになりました。

野党共闘を共産党が呼びかけて、推進していることが、共産党への期待になっている部分もあると思います。

世論調査を見ても、昨年九月に、国民連合政府の呼びかけをしてから、共産党に対する支持率は高まっていますし、私たちの実感としても、期待が高まってきているという手ごたえがあります。

今回、野党間で共闘して補欠選挙を戦ったのも、やはり、昨年九月の安保法制強行採決後の国民連合政府の呼びかけから始まっています。現実に共産党が政治を動かしていく姿が見えやすくなっていると思っています。

今、我々が全国で貼り出している志位和夫委員長のポスターがあるんですが、このポスターのキャッチコピーは、『力あわせ、未来ひらく。』というものなんです。このキャッチフレーズは、共産党だけの支持を呼びかけるものではなく、力をあわせて与党に立ち向かっていこう、という意味があるんです。

今までの共産党のポスターのキャッチコピーとは方向性が違うんです。共産党だけを伸ばして下さいというのではありません。我々が訴えたいポイントは、野党共闘を推進して、自民党、公明党を少数に追い込むことですから、議論をしてこのキャッチコピーに決めました。

## 衆参の選挙戦略の違い

今度の参議院選挙の目標は、野党が前進することにより、自民党と公明党、その補完勢力であるおおさか維新を少数に追い込むこと、そして、それと同時に共産党が議席を躍進させることなんです。

これまでの選挙とは違い、二つの目標があるわけです。私たち自身にとっても、こういう目標で戦う選挙は初めてなんです。

参院選の一人区では、野党共闘候補の擁立を進めています。全国三二の一人区のすべてで候補者調整に成功し、全部の選挙区で一本化ができました。香川県選挙区では日本共産党の公認候補が野党統一候補になりました。

一人区では文字通り一騎討ちの選挙になるわけですし、このことは非常に画期的だと思っています。また、こういう構図ができたことは、選挙戦全体の構図を変えると思っています。

我々は、衆院選の小選挙区においても同じように、参議院の一人区で今も進んでいるような選挙協力をやりましょうと呼びかけており、協議に入っています。

ただし、参議院の一人区の選挙協力では、大半の選挙区で共産党が候補者を下ろして一本化しており、候補者の多くは、民進党の候補者、あるいは無所属の候補者です。

ですが、衆議院はそういうわけにはいきません。というのは、衆院選で小選挙区に候補者を立てないと、選挙活動がものすごく制約されてしまうんです。衆院選は、報道も小選挙区中心です。小選挙区に候補者を擁立していない政党は、ほとんど報道されません。政見放送もできません。ですから、参院選のときのように、共産党が大半の候補者を下して戦うようなことはできないのです。お互いに候補者を擁立しながら、相互に協力しあう構図にしなければ難しいわけなんです。

生易しいとは思っていませんし、ある程度紆余曲折もあると思いますが、自民・公明に勝つためにどうしたらいいのかを第一義に考えれば、これしかありません。協力は進んでいくと思っています。

また、最近では、共産党の支持率もジワジワと伸びてきています。かつてほど民進党との間に支持率の差があるわけではありません。ですから、民進党だけで一方的に擁立するということは、実際の現実にも合わないと思っています。そこはお互いに、これから相談することになると思っています。

それと、僕は、今回の補欠選挙を通じて思いましたが、ただ選挙区調整をして候補者を絞るだけじゃなくて、きちんと合意をして、お互いに協力をする、応援をするというところまでやらないと勝てないと思うんです。

ただ民進党の候補者がいるところに共産党が擁立しない、共産党の候補者がいるところに民進党が擁立しない、という調整だけではダメで、民進党の候補者は共産党が組織として応援する、共産党の候補者は民進党が組織として応援するという合意をきっちりしないと選挙協力の効果も出ないと思っています。

北海道五区の補欠選挙で、あそこまで競ったのは、共産党の地域の組織の頑張りが果たした役割がかなり大きいと思っています。ビラまきなども一生懸命やっていました。

共産党員は道理がないと動きません。上からの指示だけで動くような集団ではないんです。ですが、何のために共闘するのかという大義や道理があれば、献身的に働く集団です。ただ単に共産党は擁立しないで下さい、と言われただけでは、力は出ません。

衆院選は、政権選択選挙ですから、参院選以上に野党間での政策や政権構想の不一致を攻撃される可能性は高いです。ですが、民進党だってずっと野党のままでいたいはずはありません。安倍政権を倒そうとすれば、その後の政権構想を求められることは避けられません。

年末年始に、あるラジオ番組に出演したんです。出演者は私のほかに、民進党からは長妻昭《ながつまあきら》さん、自民党からは猪口邦子《いのぐちくにこ》さんが出演して、三人で討論したんです。そのとき、最後に司会の方が、長妻さんに、『国民連合政府と共産党は言っていますが、政権はどうなんですか』と質問しました。すると、長妻さんは、『一緒に政権はとても無理です』と答えたんです。

そうしたら、猪口さんから『政権はとても無理ですというような仲間が選挙協力するというのは、それは選挙目当ての野合でしょう』と批判されました。僕は、『こういうふうに言われちゃうじゃないですか。やっぱり政権構想をちゃんと示すべきなんですよ』と言いました。選挙協力をするなら、同時に政権構想もきちんと示すべきなんです。

今、参院選を前にして、僕らは政権構想を脇に置いています。政権構想を脇に置かないと、選挙協力の合意は難しいと民進党が主張しているからです。政権を問うわけではない参院選ならそれでまだいいかもしれませんし、この点を深く問われることはないかもしれません。ですが、衆院選になると間違いなく問われてくると思います。だから、民進党にはどこかで決断してもらいたいと思っています。

僕らは入閣を条件にするとは、一言も言っていません。閣外協力でも結構です、と言っているんです。安倍政権を倒したら、それに替わる新しい政権が必要になりますから、その政権構想を打ち出す必要はあるんじゃないですか、とこれからも迫っていくつもりです。

## 安倍政権の特殊性、異常性

国民連合政府構想をなぜ提唱するようになったのかについて、お話ししますと、きっかけは、先ほども触れましたが、やはり昨年の安保法制の廃止を訴える戦いからです。

安倍政権という政権の性格は、これまでの政権とは違うという強い危機感があります。今までの自民党政権に対しても、我々は反対するところは多く、その問題点を常に追及し続けていました。

ですが、これまでの自民党政権でも、憲法の解釈というのはそれなりに一貫していました。自衛隊は強大化していましたが、集団的自衛権は行使できないという解釈は変えませんでした。海外での戦争はできないという立場は表明していました。

ですが、安倍政権は、それを一八〇度変えて、集団的自衛権を行使できるようにしたわけです。安倍政権の問題点はそれだけではありません。アベ政治は、国会と行政府の憲法上の関係を履き違えているんですね。

例えば、国会で民進党の女性議員が質問をしているときに、安倍総理は平気で『早く質問しろよ』なんて野次《やじ》を飛ばすんです。国会は、国民の代表である国会議員が行政府の代表である総理や各省庁を所管する大臣を呼び出して問いただす場なんです。ですから、質問に答える義務があるわけなんです。ですが安倍総理は、まるで自分が国会に対してサービスのために答弁をやっているんだと言わんばかりの対応です。

また、野党が憲法に基づいて臨時国会の開催要求をしても、握りつぶしてしまう。戦後の歴史の中で臨時国会が開かれなかった年はかつてなかったんです。

やはり、これは自民党の歴代政権にもない特殊性、異常性です。この政権を倒すためには力を合わせなければいけません。前原誠司さんが札幌の街頭演説で言っていました。

『共産党と自分は安全保障政策は違います。しかし、国会議員には憲法擁護義務があり、憲法九六条に定められています。だから、国会議員は、憲法違反の法律をつくってはいけない。ところが安倍政治というのはこれをやったんです。この一点をもって、私は安倍政権を倒さなければいけないと思うし、そのためには野党は力を合わせなければいけない』

私は見事にそのとおりだと思います。

安倍政治は、独裁政治にもつながってくる危険性を孕《はら》んでいます。これを倒すためには、野党共闘を進めるしかありません。

## SEALDsからの声――「野党は共闘、野党は共闘」

もう一つ、国民連合政府を提唱した動きの背景には、野党が共闘して安倍政権と立ち向かってほしいという国民の声がありました。

共産党にも、『SEALDs』(シールズ　自由と民主主義のための学生緊急行動)や『安保関連法に反対するママの会』などをはじめ、多くの方から『野党が一つになって戦ってほしい』という声がたくさん来ました。おそらく民進党にも来たと思います。彼らの共通した声は、『野党は共闘』でした。

これまで、野党の戦い方について、学生や市民運動の中から声が上がった経験はありません。そこまで期待が高まっているんだと思います。その声に応えなければ、政党としての責任を果たすことにならない、と考えました。

共産党の歴史においても、非常に大きな決断だったと思いますが、党内で国民連合政府構想に対する異論はほとんどありませんでした。むしろ、これしかないという声が強かったのです。

昨年の夏、七月、八月、そして九月と全国各地で戦争法反対の戦いをやる中でみんなの思いが一つになっていったと思います。

前触れとしては、昨年九月の岩手県知事選挙で、全野党が結束して、現職の達増拓也《たっそたくや》知事の再選を目指したこともその一つだと思っています。その際、初めて野党の全党首が盛岡にそろって記者会見をしました。結局、自民党側が候補者を立てなかったために、不戦勝になりましたが、今考えると今回の野党共闘の第一歩だったと思っています。

岩手県知事選挙の場合は、僕らは達増知事とは、震災復興の点で政策的に一致していた部分がありましたから、条件としては非常に応援しやすかった点がありました。

また、当初報道されていたように、平野達男《ひらのたつお》参議院議員が自民党の支援を受けて、知事選に出馬した場合は、参議院に欠員が出て、補欠選挙が行われることになっていました。その際にどう野党は対応するべきか、という議論はしていたんです。野党は、やはり一致して戦う必要があるんじゃないかと。

そういう議論が土台にありましたから、安保法制の強行採決が行われる前から、最終的に与党が数の力で押し切ってきたときに、どのようなメッセージを出すかという議論を積み重ねていました。そして、国民連合政府の提案だという結論になったんです。

昨年の九月一九日の真夜中に採決が行われ、法案が成立したあと、その日のうちに、午後一時から、共産党の中央委員会総会を開いて、この提案をしました。やっぱり、採決から間髪を入れずに、熱気があるうちに提案するべきだと思っていたんです。

私は、参議院本会議で最後に反対討論を行ったのですが、そのときもずっと国会の外からデモの参加者たちは『野党は共闘、野党は共闘』と叫び続けてくれていました。

強行採決がされたあとも、『選挙に行こう、選挙で勝とう』とSEALDsの奥田（愛基）君たちはコールしてくれていました。あの期待に応えなければ政治家をやっている意味がありません。

共産党は、最近の国政・地方選挙で良い結果が出ています。平成二五年の参院選、平成二六年の衆院選、平成二七年の統一地方選挙と連続して議席を伸ばしています。特に前回の衆院選で、八議席から二一議席へと躍進したことは大きかったです。国会内での発言力がグンと伸びました。

例えば、予算委員会の質問も、一時間半から二時間近くまでできるようになりました。安保法制の問題でも、突っ込んだ議論や質問ができるようになりました。野党の中での発言力も大きくなりました。

共産党が政権構想を打ち出しても、違和感なく説得力を持って受け止めてもらえるような環境になってきたんです。これは、共産党が躍進した結果だと思っています。

だから、今度の選挙でもぜひとも共産党がさらに躍進し、野党が多数を獲得し、自民党、公明党、おおさか維新の会を少数に追い込む状況をつくりたいと思っています。

## 国会開会式出席の深層

今年の国会の開会式に共産党は、初めて出席しました。小沢一郎《おざわいちろう》さんと亀井静香《かめいしずか》さんのアドバイスで出席したかのように報道されましたが、それは違います。私たちは、この問題を以前から検討してきていました。

これまで、なぜ出席しなかったのかというと、理由は開会式での天皇の発言にあったんです。誤解があるのですが、〝天皇と席を同じうせず〟という立場で開会式に出なかったわけではないんです。戦前の帝国議会と同じ形式であることに加えて、最大の問題は天皇の「おことば」に政治的内容が含まれていたことです。これは、昭和天皇の頃に顕著だったのですが、例えば、サンフランシスコ講和条約を評価したり、自民党の経済政策を評価したり、と。

そういう経緯があり、これは憲法に定められている天皇として許されている国事行為の範囲を超えており、政治利用的な側面が強かったわけです。だから、私たちは欠席をしていました。

ただ、その後、ずっと天皇の発言内容には注目をしてきました。ここ何年かは、ほぼ定型化された挨拶になってきていて、政治的な内容はほとんど含まれていない形がずっと続いてきたんです。

これまでも、テレビの討論などで、『共産党は天皇制を認めてないから開会式に出席しないいんだろう』と言われることも多かったのです。そうした誤解を解くことにもつながると思います。ですから、国会の開会式に出席したことによって、共産党の天皇に対する立場や考え方が変化したわけでもありません。

共産党の綱領においても、今の綱領を決めたときには全党で議論をして、現憲法の全条項を守るということを明確にしているわけです。だから、我々は今の象徴天皇制と共存していくことをすでに宣言しているんです。

我々の主張は、憲法どおりにやってほしいということが第一で、憲法で禁止されている天皇の政治利用は許さないという立場は一貫しているわけです。

## 公安調査庁という無駄遣い官庁

民進党を離党した鈴木貴子《すずきたかこ》衆議院議員が今年の三月に『共産党と「破壊活動防止法」に関する質問主意書』を提出し、『共産党は破防法の調査対象団体である』という答弁を引き出していましたが、そもそもこの破防法の調査対象団体というのは、法律上の規定でも何でもないんです。勝手に公安調査庁が位置付けているだけなんです。

むしろ、逆にいえば、これまで六八年間〝調査対象団体〟だと言いながら、何一つ事実を見つけることができなかったわけでもあるわけです。公安調査庁という役所が自らの存在意義を示すために必死になっているのだと思います。いろんな行政の無駄遣いがありますが、六八年間調査をしてきて、何らの事実も見つけられなかった公安調査庁こそ最悪の無駄遣い官庁であり、廃止すべきだと思いますね。

そもそも、日本共産党は党の正規の機関で暴力革命などという方針を決めたことは、ただの一度もありません。そのことははっきり申し上げておきたいと思います。

## 個別的自衛権と北東アジア平和協力構想

今の自衛隊について日本共産党は、即時解体するというような主張はしていません。万が一、日本に対する急迫不正の侵害があれば、それは個別的自衛権で対応する。その際、自衛隊も含めて対応することは必要だという立場です。

もちろん現行憲法は、戦力の不保持を掲げているのですから、世界有数の軍隊である自衛隊は、明らかに憲法違反です。憲法九条との関係でいえば、自衛隊の存在はどう考えても矛盾がありま す。しかし、この矛盾をつくってきたのは、これまでの自民党政治です。

自民党は、その矛盾を憲法を変えることで解消しようとしています。国防軍にしようとしているわけですね。ですが、そんなことしたら、海外で全く無条件で武力行使ができるようになってしまいます。

私たちは、憲法で掲げた理想の方に向かって進むことこそ、この矛盾を正しく解決する道だと思っています。「北東アジア平和協力構想」を提案し、二度と再び戦争を起こさない誓いをかためたい。かつては武力紛争の絶えなかった東南アジアでも、ASEAN（東南アジア諸国連合）のもとで、東南アジア友好協力条約を結び、不戦を誓ってお互いの信頼関係を強めています。私たちは、北東アジアでもこれを実現したい。そして将来的に、軍隊によらずに安全保障を実現する環境づくりを進め、国民的な合意が成熟することを見定めながら、自衛隊の解消に向かうべきだと主張しています。

## 若者の九割は、政治が変わってほしい

私は、今年の四月に、健康上の理由から退任する山下芳生《やましたよしき》書記局長の後任として、書記局長に就任することになりました。

山下さんと田村智子《たむらともこ》参議院議員が新たに副委員長に選出され、私の後任の政策委員長には、藤《ふじ》

野保史《のやすふみ》衆議院議員が就任することになりました。

書記局長としての私の課題は、やはり野党共闘の流れをさらに力強いものにしていくことです。そして、その中で、共産党の力をいかに強くしていくか、だと思っています。

特に若い世代の中にも、大いに党員を増やしたいと思っています。今の二十代は、共産党に対して、偏見や固定観念がほとんどないと言われています。

共産党に対して、とりわけプラスのイメージを持っているわけでもないのですが、ネガティブなイメージも強くありません。むしろ、「国会で良いことを主張している人たちだ」というイメージが強いようです。そういう意味で言えば、訴えていけば訴えていくほど、変わっていく世代だと思っていますから、非常に希望があると思っています。

現在も、吉良《きら》よし子《こ》参議院議員や、池内沙織《いけうちさおり》衆議院議員など若手の議員が生き生きと活躍しています。また、国会議員だけではなく、地方組織でも若い優秀な幹部が育ってきています。

この間、ＮＨＫの世論調査では、若者の九割近くが、『政治が変わってほしい』と思っています。朝日新聞の世論調査でも、『憲法を変えない方が良い』が五八パーセントにのぼりました。若い世代が考えている政治の姿は、今の自民党政権の目指す方向とは違うと思うんです。

ただ、その人たちに、政党支持を聞くと圧倒的に支持なし層が多いわけです。この人たちに、どれだけアピールできるかが重要です。今、さまざまな若者の団体が『選挙に行こう』という呼びかけを広げています。同世代の若者から声をかけられるのは、私たちから言われるよりも、影響ははるかに大きいですから、幅広い動きになっていくことを期待しています。

## 普通の人から豊かになろう

私は、一定の時間はかかると思いますが、自公政権に替わる新しい政府を必ずつくることができると思っています。

自民党は、この間の動きでいえば、毎回、経済問題を争点にして選挙を戦っています。三年前の参院選はアベノミクスを訴えて戦い、その後で実際にやったことは特定秘密保護法、二年前の総選挙でもアベノミクスを訴えて戦い、やったことは安保法制、と。こんなまやかしは通用しなくなってくると思います。

例えば、保育所の待機児童が増加している問題なども、安倍政治の方向性が国民の暮らしではなく、大企業や富裕層の方ばかり向いていることのひとつのあらわれだと思います。年金の株式運用でも、巨額の損失が出ています。しかし、それを今年の七月二九日まで発表しないというんです。要するに参院選が終わるまでは隠しておこうということです。こういう姑息《こそく》な隠ぺいはさらに反発を受けるはずです。

今度の北海道五区の衆議院補欠選挙で、池田真紀候補は、『普通の人から豊かになろう』というスローガンを掲げました。僕はなかなかいいなと思いました。これは、安倍政治とはまったく対極だと思うんです。安倍さんが言っているのは、〝企業が世界一活躍しやすい国づくり〟です。法人税の減税をやり、株高を演出したから、富裕層には、ますます富が集中しました。だから、『普通の人から豊かになろう』ではなく、『大金持ちから豊かになろう、大企業から豊かになろう』という政治なんです。

大企業や富裕層から豊かになれば、中小企業や中間層、あるいは低所得層にも恩恵が行き渡る、いわゆるトリクルダウンがあると言っていますが、これが成り立たないということは、みんなが実感しているわけです。

私たちは、『経済にデモクラシー（民主主義）を。公平で、公正な社会を、個人の尊厳を大切にする社会をつくろう』と訴えていきたい。『普通の人から豊かになる社会をつくろう』と呼びかけていきたい。それは必ず大きな流れになっていくと思います」

第一章

# 日本共産党の現在

## 東京の有権者の四割は若者

平成二五年夏の参議院選挙東京選挙区での吉良よし子の選挙戦は、特に目を見張るものがあった。

吉良の姓キラを取り、「キラキラサポーターズ」なる勝手連が、まるで芸能人の追っかけか、と思わせるほど神出鬼没の大活躍をした。

フェイスブックで、「勝手連　キラキラサポーターズを始めます」というページが立ち上がり、注目を集めるようになる。キラキラサポーターズという名前も、有志がつけた。

脱原発運動への行動を中心にまとめた写真集『KIRAry☆Diary　政治家　吉良よし子　春夏秋冬』まで発売した。

キラキラサポーターズは、「どうせやるんだったら、盛り上げよう！」ということで急遽その場で、総理官邸前行動でおこなうコールが考えられた。

「原発なくそう　吉良よし子　憲法守ろう　吉良よし子　増税反対　吉良よし子」

サポーターたちは、吉良の遊説日程ブログをチェックしては現地に足を運び、コールを実践した。これが、大変盛り上がる。サポーターたちは、ツイッターやフェイスブック、アメーバブロ

共産党のばし　憲法9条まもろう
日本共産党
jcp.or.jp
若者に仕事を。
人間らしく働ける職場を

グを通して情報を共有し、相談しては応援日を決め、どんどん集合した。

吉良がしゃべっている演説中には、もちろんキラキラコールをすることはできない。そのかわり、合いの手のように楽器を鳴らすのだ。

「ブラック企業は、許しません！」

ドコドン。

「原発、反対！」

ドコドン。

東日本大震災と東京電力福島第一原発事故が起こった平成二三年の年末、吉良よし子に日本共産党東京都委員会から話があった。

「吉良さん、来年で三〇歳になりますよね。平成二五年七月の第二三回参議院議員通常選挙に、出ませんか。とにかく、あなたに出てほしい」

吉良は悩んだ。平成二一年七月の都議選で落選し、今度こそと東京・豊島区で頑張って活動をしてきた。それを途中で転向するというのには、抵抗があった。

また、参院選の東京選挙区は大激戦区である。過去には、上田《うえだ》耕一郎《こういちろう》、緒方《おがた》靖夫《やすお》が名を飾った歴史と伝統があった。それ以降、平成一九年の第二一回参議院議員通常選挙では田村智子、平成二二年の第二二回参議院議員通常選挙では、小池晃ですら勝てなかった。日本共産党が一二年間、議席獲得のできない空白の選挙区である。

まだ二〇代であった吉良には、責任重大の役目であった。これまで頼りにしていた日本共産党高知県議会議員の父富彦も、「おまえが決めろ」と判断を委ねてきていた。

吉良は、改めて考えた。

〈わたしが果たせる役割は、なんだろう〉

当時、吉良は、地域の放射線量測定だけではなく、原発反対のデモにも参加していた。その人々の叫びを直に聞いて、原発問題だけとっても国に大きなウネリができていることを実感していた。

このウネリのなかで、日本共産党が負け続けるわけにはいかない、今こそ勝たなければならない。吉良は、東日本大震災のなかで感じた、「本当にわたしができることを、頑張らなくちゃいけない」という言葉を思い出した。

このとき、吉良はこんな話を聞いた。

「東京の有権者の四割が、実は二〇代、三〇代なんだ。投票率はまだ低いけれど、吉良さんが立候補することによって、この層を掘り起こしたい、という意図もあるんだ」

ついに吉良は決意した。原発問題、雇用問題にしても、ひいては平和に関する問題は、国政でできることのほうが大きく、たくさんあるだろう。若い自分が経験してきたこと、感じることを、いま若者たちに訴えねば。

東京都選挙区は、定数が五議席になった。ここになんとしても食い込まねば、日本共産党としての躍進はないだろう、と吉良たち日本共産党員は息巻いた。なんとしても勝つという思いでスタートを切った。

## キラキラサポーターズの奮闘

この選挙で、吉良の勝手連であるキラキラサポーターズの果たした役割は大きかった。もちろん、吉良本人が集合を呼びかけたものではない。

吉良は、毎週金曜日におこなわれている「首相官邸前抗議行動」や、ほかにも反TPP（環太平洋戦略的経済連携協定）、国防軍反対のデモなどに参加していた。そのなかで、おなじように志をもった人々と毎週出会ってきた。

その中で、吉良がスピーチをすると、その姿を写真にとり、フェイスブックにタグをつけてアップしてくれる人たちが出てきた。その人たちを中心に盛り上がり、「勝手連をやりたい」という話が出てきたのだという。

平成二四年一一月、弁護士の宇都宮健児《うつのみやけんじ》が東京都知事選に立候補を表明した際、勝手連「人にやさしい東京をつくる会」が結束し、大きな盛り上がりを見せていた。そのスタイルも念頭にあったのだろう。

フェイスブックで、「勝手連　キラキラサポーターズを始めます」というページが立ち上がり、注目を集めるようになる。

フェイスブックの投稿写真の枚数も増え、その流れの中で、「吉良さんの写真集をつくりたいね」という声がジワジワとあがりはじめた。

吉良のもとに、オファーがきた。吉良は協力を快諾した。街頭で演説をする姿はもちろん、「それだけではおもしろくないね」ということで、駅を歩いたり、飲食したり、いわゆる変顔を写されたりもした。

そして完成したのが、先にも触れた脱原発運動への行動を中心にまとめた写真集『KIRAry☆Diary　政治家　吉良よし子　春夏秋冬』である。この写真集はB5判　二八ページ、頒価三〇〇円で平成二五年六月二七日、代々木駅前の全理連ビル九階において、吉良よし子事務所開きで初売りをした。一〇〇〇部刷ったが、すぐに完売となった。

サポーターズのある人は、この写真集を居酒屋で広げていた。すると、隣の席の人が「これ、誰？」と聞いてきた。そこで、「じつはこの人、次の参議院選挙に出るんだ」と紹介し、支持層を拡大したケースもあった。

事務所開きには、キラキラサポーターズの人たちも集まってくれた。せっかくだから、何か発言してもらおうということになった。

「どうせやるんだったら、盛り上げよう！」ということで、急遽その場で、首相官邸前行動でおこなうコールが考えられた。

「原発なくそう　吉良よし子　憲法守ろう　吉良よし子　増税反対　吉良よし子」

吉良はドキドキしながら声を張った。すると、集まった支持者たちも、大いに盛り上がった。

サポーターズのある人は、手応えを感じたという。

〈これは、いけるんじゃないかな〉

選挙中、マイクを通しての演説は、候補者しかできない。支持者がメガホンを通して宣伝する際、ツラツラと文章を並べ立てるよりは、リズムに乗ったほうが、通行人の耳にも残り、効果があるのではないだろうか。そう考えたサポーターたちは、吉良の遊説日程ブログをチェックしては現地に足を運び、コールを実践した。これが、功を奏する。サポーターたちは、ＳＮＳ（ソーシャル・ネットワーキング・サービス）を通して情報を共有し、相談しては応援日を決め、どんどん集合した。

サポーターが各地域でコールをやることで、それぞれの場所での支持者にも受け入れられ、ともに盛り上がった。コールには、地域によって違いも加わり、多様化したという。

また、サポーターたちは、独自にグッズも考えだした。「吉良」という苗字にちなんだ、星の形のものである。市販されている星型のアクセサリーやバッジなどを工夫し、「キラキラグッズ」と呼んだ。帽子にたくさん星のピンをつけてきたり、横断幕に星をたくさん描いてくれたりしていた。遊説が、一気ににぎやかな雰囲気となった。

七月七日のことである。この日、吉良は各地で「七夕宣伝」をおこなった。午前中、東京・練馬区内の巨大団地である光《ひかり》が丘《おか》には三〇〇人を超える人が集まった。

夕方から、浴衣に着替える予定だったが、スケジュールが押していた。葛飾区亀有《かめあり》に行く前に着替えることになり、足立区北千住《きたせんじゅ》での演説のあと、握手にまわることができなくなってしまった。吉良の去ったあとも、北千住駅のデッキには鈴なりの人垣ができていた。

すると、サポーターたちが、自主的にキラキラコールを始めた。取り残された聴衆たちも、それに釣られてともに声をあげた。もともとの支持者もいれば、通りすがりの人もいただろう。JR東日本の北千住駅デッキには、キラキラコールがこだまし、さながら路上ライブ状態になった。

最後は「頑張ろう!」とエールの交換で締めた。候補者不在の状態で、これだけの盛り上がりを見せたのだ。サポーターたちは、口々に「北千住の奇跡だ!」とよろこんだ。

あるサポーターは言った。

「ぼくはこのとき、勝利を確信しました！」

また、サポーターズが協力してくれたのは、コールだけではなかった。演説の現場に、笛、太鼓などの鳴り物も持ってきてくれたのだ。中には鍋を打ち鳴らす人もいたという。

首相官邸前行動等のデモでは、ドラム隊を組んで練り歩く人たちもいるので、楽器は主流になっていたのだろう。

吉良の演説中には、合いの手のように楽器を鳴らした。

「原発のない日本をつくりましょう！」

ドコドン。

「ブラック企業は許しません！」

ドコドン。

演説をする吉良としても、リズムが乗ってくるので、気持ちがよかった。合いの手が入ることによって、次の話題にも移りやすくなった。サポーターズは何度も遊説場所に来てくれているのでだいたい吉良の話の流れがわかっている。吉良も、「ここで楽器が鳴るな」と思うと、その通りドコドンと音が鳴る。それが、マイクを握り一人しゃべる吉良には心強かった。

支持者たちは、口をそろえて言う。

「こんなに楽しい選挙はなかった！」

これも、キラキラサポーターズたちのおかげであったという。

吉良は、苗字にちなんで、ポスターにも星のワンポイントを入れた。青い背景に、白いスーツを着たバストアップの吉良、そして白く描かれた苗字「吉良」のまわりに、星が飛んでいるデザインだ。吉良は、いかにも選挙、選挙したポスターを避けたかったのだ。

先に「東京の有権者の四割は、二〇代、三〇代である」といわれたとおり、吉良はその若い世代にもアピールをするつもりだった。若者にとって、政策の内容はもちろんだが、政治や選挙自体が遠い存在と思われがちである。吉良は、そのイメージを払拭したかった。

そこで、まずはポスターを、若い世代を中心に議論を重ね、やわらかい雰囲気でつくったのだ。星のマークを入れるという点にとにかくこだわった。

できあがったポスターは、狙い通り目立つ仕上がりになった。演説中も「あ、あの青いポスターの人でしょ、星が描いてあったよね」と声をかけられた。通りすがりの焼芋屋から声をかけられたことすらあった。

吉良の星のマークは、人々の印象に残りやすかった。星は、吉良のトレードマークのひとつとなった。

共産党のアイドル吉良よし子の選挙戦はこうして始まったのだ。

## 負けず嫌いは、土佐の気風

吉良よし子は、参院選当選後、インタビューで「いつごろ当選を確信しましたか？」とよくきかれた。が、吉良としては、本当に最後の最後までわからなかったという。

選挙活動中は、「やりつくした！」と思いたかったので、とにかく全力疾走の日々であった。

平成二五年七月四日公示の参院選から、インターネットを使った選挙運動が解禁された。政党、候補者は、公職選挙法の規定でそれまで利用できなかったツイッターやフェイスブックを活用した選挙戦を開始した。全面解禁されたのはほかにホームページや掲示板、ブログ、無料通信アプリ「ＬＩＮＥ」、動画投稿サイトなど。政党、候補者が投票の呼びかけをおこなったり、有権者も特定候補の応援をネットでおこなうことができた。

日本共産党も、党をあげてＳＮＳの活用に取り組むことを決めた。特に重視したのはその拡散力と発信力である。党員や支持者向けに「ＳＮＳ活用ガイドライン」を作成し配布した。

党中央委員会の田村一志宣伝局次長は、ネット戦略の狙いをこう話している。

「有権者が求めることを吸い上げ、双方向のやりとりで疑問に答える。これまで接点の無かった人たちとつながることが狙いだった」

吉良も、ネット選挙を活用した。

ツイッターでは政策を訴えるだけでなく、質問にもできる限り答えた。また、ツイート自体も、若い世代が関心を持ち、拡散しやすい言葉を選んだ。

ほかに、吉良は動画配信という手段も利用していた。七月五日夜には、脱原発グループのメンバーらと意見交換したイベントをネット上で生中継した。

吉良は、当時の朝日新聞でこうコメントしている。

「自分と同世代は、ネットで情報収集している人が多い。政策を訴えるのに重要なツール」

陣営は、「彼女が自然体で話す姿を映し出して、無党派層へアピールできれば」と期待していた。

週末の二日間は毎週、演説が夜の八時に終わったのち、ミニ集会を開いては、それを夜の一〇時までネットで同時中継する。

帰宅してからは、演説原稿をつくってから就寝。翌朝は五時に起床し、遊説予定をツイッターでつぶやいてから出かける。睡眠時間を削って、ネット選挙をフル活用した。大変な生活ではあったが、吉良はやれることはやりきりたかった。

吉良は、七月一〇日の産経新聞に、こんなコメントを寄せた。

「坂本龍馬《さかもとりょうま》にみる改革の気質あふれる地で、のびのび育った。負けず嫌いは、土佐の気風かな」

## ブラック企業を無くせ！

参院選の選挙活動終盤、吉良の声は枯れに枯れた。最後はハスキーボイスになりながら、なんとか乗りきった。この選挙では、声の限りを尽くしたのであった。

前回の都議選では、五カ月しか準備期間のないまま、てんやわんやで走りきった。しかし今回、吉良には参院選まで二年という時間があった。その中で演説も、情勢や町行く人々の反応によってバージョンアップさせていった。

吉良が印象に残っているのは、選挙最終盤、港区虎ノ門《とらのもん》でのことであった。

ある日の昼休みの時間帯、吉良は虎ノ門のオフィス街で演説をおこなった。普段であれば、やはり日本共産党が演説をしても、辺りの反応はシラーッと冷たいものである。

しかし、この日、吉良は、「ブラック企業」について語った。

すると、道行くサラリーマンたちが足を止め、顔を上げて吉良の話を聞き入っていた。その反応に、吉良は新しい流れを感じた。

もちろん、「今の社会で大事なのは、企業の成長だ」という考え方の人もいるだろう。しかし、「長時間労働」「サービス残業」というワードは、他人事ではないのだ。

虎ノ門のサラリーマンが思わず足を止めるくらい、自分たちの身に覚えのある実態である。彼らとしては「変えていってほしい」という強い思いがあったのだろう。

システムエンジニアをしている吉良の友人は、深夜残業や早朝までの残業は当たり前、翌朝八時にまた出勤という生活をしていた。そうして過酷に働かされた挙句、うつ病にかかった。現在も働くのもままならぬほどの頭痛を抱えている。

吉良のような若い世代だと、自分自身がそこまではないとしても、身の回りに心を壊してしまった知人がいるというのが稀ではない。

日本共産党東京都委員会は、平成二五年四月二二日、雇用と就活対策室の提言「『若者への投資』で、東京から日本の未来をひらきましょう」を発表した。党都委員会が民青同盟都委員会とともに取り組んだ「若者・学生・子育て世代実態調査」(平成二四年五月から九月まで)に寄せられた一三〇〇人以上の声や、有識者との意見交換をふまえて作成した。そのなかには、こんな声が寄せられていた。

「職場に心の病があるのは、当たり前」

「お世話になった上司や先輩が、突然死や自殺をした」

「忙しすぎて、昼休みがとれない」

「パワハラが日常茶飯事」

これが社会の実態である。

吉良のもとに取材にきた某雑誌記者が言った。

「今回の選挙、ＴＰＰや、原発の問題は、どこか遠い存在のように感じていました。でも、ブラック企業の問題といわれて、一気に他人事じゃないなと思いました」

平成二五年夏の参院選で、日本共産党への共感が広がったのは、原発の問題や、憲法改正の手続きを定めた憲法九六条を改正するかどうかの問題であった。吉良の支持者でも、改憲反対を理由に投票してくれた人もいた。東京新聞が平成二五年七月一四、一五日に実施した参院選世論調査で「憲法九六条改正」への賛否を都内の有権者に尋ねたところ、吉良の支持層では七八パーセントが反対であると答えている。

注目度が高い吉良自身が街頭演説でもっとも力を入れたのは、この「ブラック企業対策」を前面に押し出した雇用問題であった。吉良は、この問題を徹底的に追い、マスコミにも『キラークイーン』として取り上げられた。

そもそも「ブラック企業」とは、広義には入社を勧められない過酷な労働搾取企業のことだ。労働法やその他の法令に抵触し、またはその可能性があるグレーゾーンな条件での労働を、意図的・恣意的に従業員に強いたり、関係諸法に抵触する可能性がある営業行為や従業員の健康面を無視した極端な長時間労働（サービス残業）を従業員に強いたりする、もしくはパワーハラスメントという心理的、暴力的強制を常套手段としながら本来の業務とは無関係な部分で非合理的負担を与える労働を従業員に強いる体質を持つ企業や法人（学校法人、社会福祉法人、官公庁や公営企業、医療機関なども含む）を指す。

「ブラック企業」というネーミングの由来は、求人広告業界の隠語や、パソコン通信時代のネットワークコミュニティからなど諸説ある。平成二〇年には書籍『ブラック会社に勤めてるんだが、もう俺は限界かもしれない』（黒井勇人著　新潮社）が出版され、翌平成二一年に映画化、平成二五年には「ブラック企業」が新語・流行語大賞を受賞している。若者たちの間のネット上でつくられ、広まった言葉である。

ブラック企業が社会問題化するなかで、国会で史上初の会社名をあげてブラック企業の問題を追及したのが日本共産党だ。現在、日本共産党副委員長を務める山下芳生参議院議員は、国会で追及した。

「ユニクロでは、入社後三年以内に退社が五〇パーセント。休職者の四二パーセントがうつ病などの精神疾患。若者の能力を生かすのではなくてすり潰す、若者を育てるのではなくて人間を壊す、こんなことを許す社会であってはならない」

また、山下参議院議員は、ブラック企業の実態調査に加え、

一．政府が各企業の新入社員の離職率の調査、公表をおこなうこと。

二、企業が採用募集する際に、新入社員の離職率の明示を義務づけること。
を国会において提案をおこなっている。

吉良も、七月六日、トーク集会「ＳＴＯＰ！　ブラック企業　誰もが人間らしく働ける日本に」を開いた。ゲストに、ワタミ元正社員のイシダ氏（仮名）、ＳＨＯＰ99「名ばかり店長」裁判の元原告・清水文美氏（ＳＨＯＰ99元店長、三三歳）を呼び、その実態に迫った。

イシダ氏は、生々しく当時を語った。

「自分の同僚は残業一四〇時間で月三〇〇時間も働かされていました。残業は月四五時間が上限にされていて、それ以上残業しても会社からタイムカードを打たせてもらえませんでした。実際の残業どおりにタイムカードを打ったら会社の利益にならないからと言われていました」

日本共産党は、企業の実名をあげて問題提起をしてきたが、そもそも、実名を隠す必要がないほど、世間に「ワタミ」「ユニクロ」「ＳＨＯＰ99」の悪評はとどろいていた。東洋経済や、週刊文春など各誌で特集を組まれたこともある。

「ユニクロ」は、経済誌に認めた新卒社員の三年内離職率は、平成二一年入社で五三パーセント、平成二二年入社で四七・四パーセント、平成二三年入社が二年間で四一・六パーセント。新卒社員の二人に一人が三年以内に辞める計算だ。しかも店舗正社員における休業者のうち四一・九パーセントがうつ病など精神疾患（平成二四年八月期）だったという。

「ユニクロ」を運営するファーストリテイリング会長兼社長をつとめる柳井正《やないただし》は、朝日新聞の「離職率が高いことはどう考えていますか」という質問に、こう答えている。

「それはグローバル化の問題だ。一〇年前から社員にも言ってきた。将来は年収一億円か一〇〇万円に分かれて、中間層が減っていく。仕事を通じて付加価値がつけられないと、低賃金で働く途上国の人の賃金にフラット化するので、年収一〇〇万円のほうになっていくのは仕方がない」

年収一〇〇万円とは、月収にしたら八万円程度の金額である。家賃すら七万円前後する東京で、どう暮らせというのか。

吉良も、演説では企業の実名をあげ、ストレートに批判した。

今回はユニクロがとりあげられたが、世の中にはこういう経営をする企業がごまんとある。そのもとで若者や労働者が、コスト削減の一環として切捨てられている。会社の利益はあがるかもしれない。しかし、労働者を買い叩くことによって、所得は減り続け、消費は減る。これでは、デフレから脱却できるわけがない。本当に景気をよくしようというのであれば、経済の担い手である労働者を大切にしなければならない。そうでない経営のあり方は、どう考えても異常で、おかしい。そこを変えたいと、吉良は選挙で訴え続けた。

ある日の演説中、吉良の前に同年代の若者がフッと立ち寄った。演説後、握手に行くと、青年は切々と訴えた。

「僕も、ブラック企業で働いて、辞めたんです。ブラック企業を、一刻も早く無くしてください。何度でも、やり直せる社会をつくってください」

このように伝えてきたのは、彼一人ではなかった。どこの演説地でも、「僕が勤めているのはブラックです」「僕の彼女がブラックに勤めています」といった声が、次々寄せられる。ブラック企業は一握りの存在でなく、社会的に蔓延《まんえん》しているのが明らかだ。同時に、「うちの息子の会社は大丈夫かしら」「孫が就職活動中だが、不安です」という声もある。若者だけの問題ではなく、全世代が懸念する問題だった。

こうした中、厚生労働省は、平成二五年九月を「過重労働重点監督月間」として、集中的な取り組みをおこなった。労働基準法の施行日である九月一日に、全国八ブロックで電話相談を実施。九月二日以後も、「総合労働相談コーナー」、「労働基準関係情報メール窓口」で相談や情報を受け付けると同時に、都道府県労働局や労働基準監督署等にある「総合労働相談コーナー」や厚生労働省のホームページ内にある「労働基準関係情報メール窓口」で相談や情報を受け付けた。

吉良自身、会社員時代は、サービス残業など、さまざまな経験をしてきたから彼らの気持ちは痛いほどわかる。「若者を使い捨てにし、心も体も壊していって、日本の未来は本当に大丈夫なのか、変えていかねばならないのでは」と多くの人が声をあげた。これらが相乗効果を生み、厚労省を動かした、と吉良は信じている。しかし、これらはまだ一歩。まだまだ問題は山積みであるり、吉良はこの問題に真っ向から取り組んでいかねばならない。

## 民主党への失望、自民党への懐疑

努力の甲斐あって、平成二五年七月二一日の第二三回参議院議員通常選挙で、東京選挙区の最年少候補だった共産新人の吉良よし子は、七〇万三九〇一票を獲得し、三位で当選。日本共産党としては一二年ぶりとなる選挙区での議席獲得となった。東京都選挙区が五人区になってから三位当選した共産党議員は初めてである。直近三回の参院選共産候補の得票は約四五万～五五万票である。吉良は約二〇万票積み増した。

午後九時四〇分、テレビに「当選確実」のテロップが流れると、大学生を含めた支援者は吉良の名前を連呼。大喝采の中、吉良が渋谷区の選挙事務所に笑顔で姿を見せ、花束を受け取った。

東京都選挙区からは、山本太郎《やまもとたろう》も無所属で出馬していた。山本は、この選挙で生活の党、社会民主党、緑の党、新社会党の各党の支援を受けた。また、政党ではないが新左翼系の中核派、旧第四インターナショナル各派、労働者共産党などからの支援も受けていたほか、市民の党代表の斎藤まさしが選挙参謀に就いていたとの報道もある。

民主党からは当時、現職議員であった鈴木寛《すずきかん》が出馬。民主党に逆風が吹いていたとはいえ、知名度、組織力は吉良より上であった。

東京選挙区のライバルは、みなあなどるべき相手ではなかった。しかし、結果から言えることは、共産党に寄せられた期待が大きかったということだった。

平成二一年、政権交代時の民主党の圧勝を見れば、どれだけ有権者が民主党に期待を寄せていたかがわかる。この頃の民主党の掲げたマニフェストは、日本共産党に近いものがあった。ところが、その期待はことごとく裏切られた。沖縄・普天間《ふてんま》基地の移設問題から始まり、すぐにペケがついていく。東京電力福島第一原発事故が起きてなお、野田《のだ》（佳彦《よしひこ》）政権では原発再稼動の道へ走った。何も変わらないどころか、世情は悪化した。民主党支持者の失望感は、深かった。

その分、吉良は、民主党への失望票も自分のもとに流れた、と思っている。

平成二五年九月一二日夜、吉良は杉並区内の阿佐ヶ谷ロフトAでキラキラサポーターズを中心としたファン感謝祭をおこなった。八〇数名が集まり、ぎゅうぎゅう詰めとなった。

吉良は、参加者のひとりに言われた。

「今回の選挙では、吉良さんに入れたんだけど、じつは脱原発の行動に出るようになったのは、3・11以降。そこで、初めて日本共産党という党に目が向いた。それまでは、意識もしていなかった」

参院選では、これまでの日本共産党の地道な活動が注目され始めたいっぽう、それだけ民主党、自民党に対しての失望と懐疑が深まったのだろう。選挙に向け組まれた急ごしらえの政党が、選挙が終わった途端、解党していく。そんななか日本共産党は、選挙があろうとなかろうと、政策が一貫していたことに有権者は惹《ひ》きつけられた。

吉良は、現在の自民党の暴走を許しがたいと思っている。

吉良のほか同じ東京選挙区で当選したのは、公明党代表の山口那津男《やまぐちなつお》、無所属の山本太郎、そして自民党の丸川珠代《まるかわたまよ》（現・環境相）、武見敬三《たけみけいぞう》。自民党が二人当選者を出したが、吉良は原発や雇用、憲法問題などの大事な争点を隠しての当選だったと感じた。

自民党が演説で訴えるのは、景気回復、経済成長、アベノミクスに絞り込んできた。ネガティブな消費税増税や原発問題、ＴＰＰ問題については、追及を逃れた。アベノミクスに期待した人たちが、相当数いたことが結果からうかがえる。が、本来ならば、ＴＰＰ、原発、消費税増税、一つひとつを打開していかねば、その経済成長とて、夢物語なのだ。

## 新しいことをしなければ勝てない

吉良には、キラキラ☆サポーターズという勝手連がいた。ささやきタローもその中心人物の一人だ。昭和四〇年生まれで、学生時代からの共産党支持者だ。

昭和五〇年代半ば以降、ささやきタローが学生時代を過ごした大阪では同和問題が盛んだった。部落解放同盟という民間組織が、大学に対しても大きな影響力を持っていた。学長も教授会すらも物申せない状況で、共産党だけが異議を唱えていた。

「大学には大学の自治が必要だし、それを尊重すべきだ」

そんな共産党の言葉に信頼を覚えて以来、長く共産党を支持している。

ささやきタローが吉良よし子と出会ったのは、東日本大震災後のことだった。

平成二三年八月、東京都杉並区高円寺《こうえんじ》を中心に脱原発デモを主催していた「素人の乱」による首都圏大規模デモに参加したささやきタローは、そこで吉良と個人的に知り合った。

吉良は、平成二四年に共産党の予定候補者となる前から、現場主義を徹底していた。生活保護の給付削減に関する取組みや、ＴＰＰ、雇用、派遣村など、多くの市民活動に参加し、声を上げ続けてきた。

ささやきタローに限らず、のちにキラキラ☆サポーターズのコアメンバーとなる面々は、さまざまな市民活動の場で偶発的に吉良とつながっていった。

吉良が共産党公認の参議院選候補者となった時、ささやきタローら仲間はよろこんだ。

そのいっぽう、ささやきタローはこう感じていた。

〈吉良さんは地方議員の経験もないし、タレントでもない。ましてや党幹部でもない。これは、

絶対に負けるんじゃないか……〉

東京選挙区において、共産党はこれまで大物政治家を立ててきた。そこに、無名の若い女性が立つ。三年前の選挙で小池晃が落選したことを思えば、楽観できないのは当然だった。

「なにかプラスアルファの新しいことをしなければ、まず勝てない」

ささやきタローらは作戦を練った。

まず本人を知ってもらおうと、ささやきタローらはウェブコンテンツに力を入れた。

吉良事務所からスケジュールを聞いてウェブ上に掲載して参加を呼びかけた。

事務所開きでは、その後の活動で表に立つことになるメンバーも加わった。その多くは、脱原発デモ関連で出会った面々だった。

毎週欠かさず脱原発デモに参加していた吉良の姿に、共産党支持者のみならず無党派層や他党支持者もシンパシーを感じて応援をはじめていた。

他党は、組織としては敵になる。しかし、ささやきタローは常々こう語っていた。

「キラキラ☆サポーターズは、吉良さんを自分たちの代表として国会に送り出したい、というシングルイシューで、立場を超えた人々が集まる運動だ」

そして、こうも言った。

「吉良さんが年配の男性でも応援していたと思う。彼女は、どんな場面にでも一市民として行き、カリスマや英雄とは無縁の〝みんなの仲間〟としてやっていた。選挙の前後だけ参加してあとは来ないわけじゃなくて、ずっと来ていた。だからこそ、『自分たちの仲間だから、代表として送り出そう』という意識が持てた」

吉良を応援する思いだけで集まった集団だが、吉良の政策は、イコール共産党の政策となる。すると、サポーターズメンバーの中には、選挙権を持つ地域の共産党候補者を応援する者も現れた。

ウェブコンテンツへの反響も、上々だった。

しかし、実社会でも波を起こせなければ意味がない。

原宿で宣伝していたとき、若い男の子にこう聞かれた。

「これ、なんて読むんですか？」

ささやきタローらにしてみれば、「吉良」の名は、忠臣蔵でおなじみ「吉良《きら》上野介《こうずけのすけ》」のイメージが強い。

しかし、忠臣蔵に馴染みのない若い世代にとって読めないのも無理は無かった。

ささやきタローは思った。

〈もっと名前を知られるようにしなくては〉

これまで共産党の選挙は、地域や職場、大学ごとに後援会が中心となって活動していた。

それに加えてキラキラ☆サポーターズは、地域に限定されることなく横断的に活動をおこなった。

特にメンバー登録は無く、リーダーはおらず、飛び入りも大歓迎だった。共通しているのは、吉良を応援するという思いだけ。

東京都武蔵野市の吉祥寺《きちじょうじ》で宣伝活動をおこなった時、地域の支援者からこんな言葉が出た。

「なかなかチラシを受け取ってもらえない吉祥寺で、こんなに受け取ってもらえたのは初めてだ」

しかし、ささやきタローは、キラキラ☆サポーターズを見て吉良に投票した人ばかりではないと思っている。

あくまで後援会の地道な活動や吉良の名前が浸透したことによる政策の訴えが功を奏したと考えていた。

サポーターズが合流すると、地域の後援会から歓迎された。

「こんなに楽しい演説や選挙活動になったのは初めて」

そう言われ、握手を交わしエールを交換した。

選挙は疲れるから、励まし合いによって、「このあと帰ろうと思ったけど、もう一回、声かけてまわろうか」と意識が変わった結果が、二票、三票という形になったのだ、とささやきタローは思う。

吉良に限らず、共産党は比例で七七万票を手にした。

その比例票を底上げしたのは、サポーターズの存在が大きい。

長く共産党を支持してきたささやきタロー自身も、サポーターズとしての活動中は不思議な感覚を味わった。

サポーターズのメンバーが独自に企画した新宿アルタ前でのトークライブでのこと。歩行者天国となった新宿駅前に共産党ののぼりが立ち並んだ。

トークライブを終えた吉良や司会者の女性が、サンバ隊のリズムに合わせて踊っている。サポーターズはもちろん、若者や外国人観光客が入り交じり、お祭り騒ぎのようだった。選挙というと殺伐とした感じになるが、もっとハッピーなものだった。ささやきタローは、眉間に縦ジワを寄せてやるのだけが選挙じゃないと思った。

応援演説にも、独自の工夫を取り入れた。

各地域の共産党スタッフと打ち合わせ、肩書きのある大物ではなく、あえて無名の一市民を応援演説に立たせた。

前日に緊張で眠れず、手と声を震わせながら訥々《とつとつ》と話す市民の姿は胸に迫るものがあった。

投票一週間前、ささやきタローは危機感を抱いていた。

ネット上では、「吉良よし子当選圏内」「二位か三位」という声が多く見られた。

が、ささやきタローは、最後まで吉良を押し上げようと躍起になった。

〈そんなことはない。東京は一〇万票ぐらい地滑り的に動く。共産党が余裕で当選するなんてことはあり得ないんだ〉

もちろん、手応えもあった。

それまで取り上げられる媒体といえば、「しんぶん赤旗」か「東京民報」。そこに朝日新聞や週刊誌なども加わるようになった。

しかし、名前が知れても投票してもらえるかどうかは、また別の話だ。

そして投票日前日。昼まで吉良の遊説に参加した後、軽く食事を済ませたささやきタローは、若者の後援会に合流した。

彼らは毎日夜の八時を過ぎても、各地で号外配布やメガホンを使った宣伝をおこなう「おかえりなさい宣伝」を地道に続けていた。

そして迎えた七月二一日の投票日。

ささやきタローは、前日からふさぎ込んでいた。各方面から「吉良さん危ない」という情報も入る一方で、ネット上で吉良の人気は盛り上がりを見せていた。

〈この感じは、ダメだったかもしれないな〉

「反原発」を掲げて東京都選挙区から無所属で出馬していた山本太郎が後半に票を伸ばしている、という話も耳にしていた。

しかし、ささやきタローらは山本太郎の支援者と対立していたわけではない。互いに「応援する人間を国会に立たせよう」という思いのもと、エールを交換し合っていた。

吉良の遊説に山本太郎の支持者が足を運ぶ姿も見られた。

夜七時半。キラキラ☆サポーターズたちは事務所で待ち合わせをしていた。

それは、共産党のお偉方ではなく、キラキラ☆サポーターズが吉良さんを囲むような光景にしたい、というささやきタローらの願いだった。

ささやきタローは一人、ヨドバシカメラに向かっていた。くす玉を買うためだ。

立派なくす玉を手に入れようとすれば七～八万円はかかる。ヨドバシカメラなら三〇〇〇円で手に入った。予算がなかったから、七～八万円のくす玉は買えなかった。

そして事務所に到着したのが七時半過ぎ。

先に到着していたサポーターズから声をかけられた。

「八時に当確出るって話だよ」

〈そんな、まさか！〉

会場内には明るい空気が漂っていた。

そして八時過ぎ、すぐに民放で当確が報じられた。会場は沸き立った。

すると、吉良事務所のスタッフが立ち上がって告げた。

「事務所としては、あくまでNHKの当確が出てから判断します」

しかし、サポーターズの表情は明るい。

テレビ中継のカメラに笑顔が映らないよう、必死で隠した。

民放の第一報からおよそ一時間半。ついに、NHKで当確が報じられた。

サポーターズたちは抱き合い、号泣した。

ささやきタローは、地道に活動していた青年後援会のスタッフらにくす玉を渡し、カメラの前へ吉良を送り出した。

## わたしたちが黙っていてもいいのか

キラキラ☆サポーターズ発起人の一人である山本由里子もまた、学生時代から共産党へのシンパシーを抱いていた。保育士として働き出すも、体を壊して退職した。

女性が社会で働くことについて、いかに自分らしく、他人も自分も輝いていけるかを考えた。

戦争や原爆への意識の高まりとともに、共産党への共感は増すばかりだった。

山本は、核兵器廃絶などのデモ行動にも参加するようになった。

そして、平成二三年三月一一日、東日本大震災が発生する。

〈原発で、何が起きているんだろう〉

原発の状況や放射能への恐怖を感じながら、山本は思った。

〈ここでわたしたちが黙っていてもいいのか〉

居ても立ってもいられず、脱原発デモに加わった。

これまで政治に対して異議を申し立てる活動に対して、日本はとても大きな壁があった。その垣根が3・11後とても低くなった。「何か言わないとまずいんじゃないか」という風潮がSNSを通じて若者たちの間で拡散していった。

山本は、平成二三年八月、吉良よし子と出会った。反貧困の活動に取り組んでいた山本は、吉良が池袋の派遣村で相談活動を行っていることを知り、信頼を置くようになった。

選挙を終えた後も、人のつながりは続いている。月に何度か、官邸前で行われるさまざまな抗議活動に参加すると、見知った顔に出会う頻度が増えた。

活動中、ブラック企業に関するビラを配っていると、さまざまなリアクションがあった。

わざわざビラをとりに来る人、「わたしの会社も酷いんです」と訴える人が数多くいた。

山本は、選挙が終わったから終わりではない。増税や秘密保護法、原発、憲法改正のこと……

キラキラ☆サポーターズの輪を広げながら、安倍内閣のやりたい放題にストップをかけ、いずれ、共産党が政権を取らなければと思う。

また、何とかしなきゃいけないという動きが、出てきているのは大きな変化だという。

## サラリーマンに支持される政策を打ち出せ！

日本共産党書記局長の小池晃参議院議員は、吉良の当選は、彼女の真実の言葉が、若い人たちに届いた結果だと思った。

〈彼女の良さは、自分の言葉で自分の体験を語るところだ。就職活動で六〇数社、エントリーしたけれどもダメだったと。あの言葉は、聞いている人たちに、彼女が理屈で言っているのではなくて、自分の体験で今の社会の矛盾を告発していることが伝わった。そのことが聞いている人たちに響いて、票につながったんだろう〉

小池自身は、その一カ月前におこなわれた都議会選挙の期間中に、共産党に風が吹いていることを実感していた。

〈街頭の雰囲気が、変わってきた〉

一番鮮明にそれを感じたのは、東京・中央区にある大江戸線勝《かち》どき駅の交差点でおこなった街頭宣伝のときだった。

勝どき駅周辺は、昔ながらの下町でありながら周辺の再開発が進み、高層マンションの建設も次々とおこなわれ、比較的高所得の子育て世代、大企業勤めのサラリーマン家庭が多く住むエリアになっている。

そんな土地柄でありながらも、共産党が街頭演説に立つと、若い夫婦が立ち止まって演説に耳を傾ける。中には、演説している方を指さしながら、非常に好意的な視線を送ってくる若者もいる。

以前であれば、共産党の候補者が演説をしていても、ただ通り過ぎていくような人たちが立ち止まり、共産党の話を聞いてくれるのだ。

そんな風景を見ながら、小池はしみじみ思った。

〈高所得階層の人たちが住む場所で、共産党の話に興味を持ってくれる人たちが現れ始めた。これは、空気が変わってきているのかな……〉

小池は、以前、政治解説者の篠原文也《しのはらふみや》に言われたことを思い出していた。

「共産党が伸びるときは、サラリーマンが揺れるときなんだ。サラリーマンに支持される政策を打ち出せ」

平成一〇年の参議院選挙では、共産党が一五議席を獲得し、健闘が目立った。

そのときは、前年の消費税率引上げなどによる国民負担増が影響し、景気減速が顕著なものとなり、失業率の上昇などが問題になった状況の中で、共産党は、消費税率を三パーセントに戻すことを公約として掲げた。

〈あのときは、サラリーマンの票が伸びた。今、平成一〇年の参院選以上に、政治を変えたいという流れになってきているのかもしれない〉

一般的に、「共産党は企業のことについてはどうでもいい。とにかく、共産党は低所得者の味方の政党だ」と見られている。いっぽうで、労働者は企業と一体化し、そういう思いが強いため、「大企業は悪だ」と言われると、「その大企業に勤めている自分自身も悪だ」ととらえてしまいがちだが、その考えを乗り越え、変化しているような気が小池はした。

共産党は、単に大企業を敵視しているわけではない。

小池は、よく口にした。

「『日本共産党は、大企業を敵視しているの？』、『潰すつもりなの？』と考えていらっしゃるとしたら、とんでもない誤解です」

労働者の賃金をどんどん削り、中小企業の下請け代金を削りながら、大企業は内部留保だけを積み上げていく、そういう体質に警鐘を鳴らしているのだ。

小池は、演説の中で強調した。

「わたしは、無い袖を振れとは言っていない。大企業には、大きな振袖があります。二六〇兆円の内部留保。貯め込み金の一パーセントを動かせば、毎月一万円の賃上げができる」

個々の企業にとっては賃下げや下請け業者の単価切り下げは、コストを減らし、企業の「体力」を強化するようにみえる。しかし、日本中の企業が同じことをやれば、国民の所得は大きく減り、消費は冷え込み、不況の悪循環になる。国民のなかに貧困が広がり、結局は企業経営も立ち行かなくなってしまう。

小池は、わかりやすく説明した。

「賃金が下がれば、企業がつくっているモノも売れなくなる。キャノンがつくったカメラだって、トヨタがつくった車だって、売れなくなる。結局、大企業は自分で自分の首を絞めているだけなのです。そうではなく、過剰に積み上がった内部留保を労働者の賃金に回していけば、そのお金でみんながモノを買うようになり、企業の売り上げも上昇します。その方が、大企業にとっても明るい未来になるでしょう」

そして、自信を持って叫んだ。

「ある意味、日本の大企業も含めた日本経済の未来を一番考えているのは、共産党なんですよ」

この言葉を聞いたとたん、みんなは安心したような顔をするのだった。

今までは、共産党の演説会にわざわざ来てくれた人たちだけに伝わっていたことが、街頭演説に耳を傾けてくれた若い夫婦や、それまで企業の敵としか思っていなかった人たちにまで伝わるようになったことで、「共産党は企業経営についても、当たり前の政策を訴えている」と受け取ってもらえるようになった。

ここまで来るために、小池は、努力してきた。

小池は、最近まで政策委員長として共産党の政策責任者の筆頭に立ち、政策の打ち出し方一つひとつを見直し、言葉の使い方やたった一枚のビラにまでに細心の注意を払って、共産党のイメージを正確に伝えようと工夫してきた。

それが、多くの人たちがいる町の中での反応に変化が見られ、小池は好感触を得ていた。

小池が手ごたえを感じたのは、それだけではない。

「平和憲法の堅持」や「子育て支援」、「原発ゼロの日本実現」を強く訴え続けてきたことも大きかった。

今の日本は、本当に子どもを産み育てにくい社会となっている。春には、認可保育所に入れない子どもたちであふれた。仕事に復帰したくても子どもを預ける場所がないため、見つけた仕事もあきらめたという母親が多かった。こんなことでは、次の子どもが欲しくても、とても産めない。

保育所問題は、今や大企業に勤めている家庭でも切実な問題となっている。この問題を大きく取り上げたことで、サラリーマン世代にとって身近な共産党を印象付けたはずだ。

## 共産党カクサン（拡散）部

いっぽう、原発問題についても、3・11後、無党派層の中には原発ゼロの社会実現に対する思いが広がってきている。

共産党は、他の野党が自民党政治に擦り寄る姿勢を強める中、自民党政治と共産党の全面対決を打ち出した。そして、対決するだけでなく、責任ある対案を示す党だということのアピールに力を注いだ。

原発問題は、日本国民にとって深刻かつ重要な問題だ。保育所問題は、働き盛りのサラリーマン世代にとって解決が急がれる問題だ。賃金、雇用といった問題は、サラリーマンにとって最も切実な問題だ。

それらに対する対案を示したことで、サラリーマン層に共産党への期待が広がった。

小池は、そうした人たちにも納得してもらえるよう、丁寧に共産党の政策を訴え続けたことで、共産党への流れができ始めていると実感していた。

平成二五年夏の参議院選挙で、共産党は、比例代表選挙での「五議席絶対確保」の目標を達成し、三つの選挙区で勝利して、改選前の三議席から八議席へ躍進を果たした。これで、参議院では、非改選と合わせて一一議席となり、議案提案権を得ることができた。

得票数を見れば、参院選比例代表で日本共産党は五一五万票を獲得。参院選で比例代表選挙が導入された昭和五八年以降、日本共産党の得票数として三番目に多く、得票率としては二番目に高い結果となった。

得票率では、全国的には九・七パーセントだが、日本共産党の得票率が一〇パーセント以上だった都道府県を見ると、比例代表では一〇都道府県、選挙区では一九都道府県となった。特に、比例代表の得票率で一三・七パーセントを得た東京（七七万票）と一七・二パーセントを得た京都（一八万票）では、民主、公明、みんな、維新などの諸党を抑え、自民党に次ぐ第二党となっている。

なお、参院選の前段の六月二三日都議会選挙では、前回の平成二一年の八人から、倍以上となる一七人が当選。わずか一五議席に終わった民主党を抜いて都議会第三党となった。

このことが、全国の情勢を激変させるきっかけとなったはずだ。

ここから共産党の躍進が始まった。

小池は、選挙区で勝ち上がった東京の吉良よし子や大阪の辰巳《たつみ》孝太郎《こうたろう》といった、非正規雇用や就職難の若者の共感を得ることになった若い候補者だけが、その原動力になったとは思わなかった。一番の理由は、共産党の選挙運動が明るくできたことだ。

宣伝局の若手メンバーが中心となり、議論を重ねた。

「悲壮感が漂うビラだと、共産党のイメージが良くならない」

「みんなが明るく、元気になるような共産党をＰＲしなければ……」

そうした発想から、イメージキャラクターやポスター、Ｔシャツが誕生した。

これらによって、明るく元気なイメージの共産党を印象付けることができた。

また、都議選で勝利したことが選挙運動の自信にもつながり、それらが相乗効果となって、ビラ配りでも多くの人たちに受け取ってもらうことができるようになっていった。

特に、その象徴が、ネット選挙解禁で生まれた特命ＰＲ部「カクサン（拡散）部」である。

ゆるーい姿の党員たちが集まったこの部の名は、「ただしい政策、たのしい政治を世の中にカクサン（拡散）」することという。

「政治は『難しい』という奥さまも、『つまらない』という若人も、もっと政治を知ってほしーっ！　もっと政治を楽しんでほしーっ！」と訴えている。この「カクサン部」のイメージキャラクターは大きな話題となり、注目を集めた。

八人のキャラクターで構成する日本共産党「カクサン部」のメンバーは、九四年の歴史を持つ共産党のイメージ刷新を目指す中核部隊として活躍した。共産党はそれらのキャラクターを通じ、

ＳＮＳに強い流行に敏感な政党というイメージを広めることに成功した。

小池は、新たな試みにチャレンジしたことに満足していた。

平成二五年四月にインターネットを用いた選挙運動が解禁されたことを受け、他の政党もネットの活用を試みている。しかし、共産党ほど徹底したネット戦略を繰り広げている政党はどこもない。

一気に、今まで堅いイメージで、偏見を持たれることが多かった共産党が、変わって受け止められるようになった。

だが、小池たちからすれば、自分たちが変わったという意識は正直ない。

以前から、そういった努力はしていた。特に無党派層を意識して語りかける努力はしてきたが、急にこの選挙で変わったというわけではない。これまで積み上げてきたものが、いろんな意味でうまく回り始めただけのことにしか思えない。

たとえば、若い候補者を立てて当選すれば、突然のことのように思われ、注目されるが、それ以前に、何回か候補者として出馬している。大阪の辰巳孝太郎も、大阪府議会議員選挙に三度挑戦し、三度落選。その後、参院選で当選を果たしている。

東京の吉良よし子も、一度、東京都議会議員選挙に出馬して落選している。

そういった落選の経験もし、苦労を味わってきているからこそ、有権者に訴える力が身に付く。

そこに光が当たることで大ブレイクした、という感じなのだ。

## 一点共闘主義

現在、日本共産党中央委員会副委員長を務める市田忠義は、平成二五年夏の参院選の躍進の原因を次のように分析した。

〈安倍政権が誕生し、なんとなく多くの国民は危うさを覚えた。集団的自衛権や憲法改悪の問題。あまりにもアメリカに依存し過ぎではないか。あまりにも大企業を優先するじゃないか。そういう思いがあった。そういうときに、「自民党政権と真正面から戦える党はどこか」と真剣に模索したところ、共産党になったのだろう〉

一度は、民主党に託した。が裏切られた。その結果、平成二四年の衆議院総選挙で民主党は大敗し政権を失った。今度は、維新の会やみんなの党といった第三極が何かやってくれそうだと期待した。だが、国民は、第三極が自民党の補完勢力に過ぎず、党内抗争から崩壊した。それを気づかせるきっかけをつくったのは、共産党だった。

国民は、じっくり考えてわかったのだろう。

〈やっぱり、安倍政権の暴走を止めてくれるのは共産党しかない〉

その強い思いが共産党への投票へつながったはずだ。

同時に、国民は「反対」の声をあげるだけではついてこない。反対というのなら、そのかわりに共産党はどうするか。そういった対案を示した。消費税増税に反対するなら消費税に頼らずに社会保障の財源をどうやってつくるのか。財政再建はどう進めるのか。自民党とは違う別の経済提言も出した。

デフレ不況からの脱却のためには、賃上げによる内需拡大が不可欠だとして「賃上げ・雇用アピール」も発表した。

原発についても「原発即ゼロ」だけでは無責任だ。原発を止めるかわりの代替エネルギーはどうやって調達するのか。これも「原発をゼロにできる展望と可能性を示す脱原発宣言」を出した。安保条約を破棄した後の日本の安全を守るための外交ビジョンもだ。

安倍政権の政策に反対して対決するばかりではなく、それらのあらゆることに共産党としての対案を出してきた。

この効果が、共産党になら任せられるという安心をもたらしたはずだ。

そして、「一点共闘」の精神で共産党の方から国民に寄り添っていった。

TPP反対という視点では、自民党の支持基盤と言われていたJA（農業協同組合）の大会で、他の党の代表あいさつよりも一番国民の心をとらえる演説をした。各党の代表が順番にあいさつに立ったが、その中で一番拍手が大きかったのが志位和夫委員長の演説だった。

〈あれ……、おれは共産党って赤だし、嫌いだと思っていたが、食わず嫌いなだけだったんだ〉

そう気づかせる一つのきっかけとなった。

原発問題では、毎週金曜日に官邸前でおこなわれる集会に、毎週欠かさず志位や笠井亮《かさいあきら》と吉良よし子が出席した。

そこで、いっしょになって官邸に向かってコールをするが、その場では一切、共産党の宣伝をしなかった。いっぽう、他の党は集会に参加しながら自分たちの党の宣伝活動もしっかりおこなっていた。

共産党は、個別政策ごとに党派を超えて連携する「一点共闘」で政治的立場が違っても力を合わせる。反原発の集会でも、他のことでは意見が違っても、原発再稼働反対という一点で共産党は参加し、その誠実さが集会に集まった人たちの心をつかんだはずだ。

市田は、しみじみ思った。

〈TPP、原発、憲法問題、沖縄基地問題……、さまざまな問題があるが、ささやかでも一致点があれば、大きな部分で不一致点があったとしても力を合わせようと頑張ってきた積み重ねが、素直にわれわれのために頑張ってくれる縁の下の力持ちだと思わせたのだろう。それが共産党なんだ、とみんなの目に映ったのだろう〉

決して、敵のエラーで共産党が勝ったとは思っていない。

二大政党づくりのもとで一〇年ほど共産党は不遇の時期を過ごしてきた。共産党にとって二大政党づくりほど、最悪で最強の反共・共産党締め出しシフトはない。

ところが、実は、自民も民主もアメリカ追随、財界中心政治の土俵に乗っているということを共産党が暴露し、追及したことで、徐々に国民にも認知されるようになってきたのだ。

その結果、二大政党づくりが破綻した。第三極も自民党の補完勢力だということが露呈し期待を失った。そういう客観的な条件にも恵まれたことは否めない。

## 「一点の共同」の成果

日本共産党の植木俊雄《うえきとしお》広報部長によると、「従来、日本共産党は正しいことを言うが議席が少ない、選挙をやっても当選しないので力がないと思われていたが、今は正しいことを言っているのだから伸びて当然、前進するなら、国民の声が通る。そんな情勢となったことは新しい変化である」という。

平成二五年夏の参議院選挙は、まさに一五年ぶりの歴史的躍進だった。

過去最多の得票数と得票率は、平成一〇年の八一九万票（一四・六パーセント）である。このときは、税率五パーセントへの消費税増税を強行した自民党が惨敗し、日本共産党が大躍進した年だ。得票数の二番目は昭和六一年の五四三万票（九・五パーセント）で、七〇年代の日本共産党の連続的躍進を受け、共産党を除く「オール与党」体制が強まるなか、大型間接税の導入が大きな争点となった年だった。

日本共産党では、参院選の躍進を、過去二回の躍進に続く「第三の躍進」が始まったことを示すものと特徴づけた。そして、この躍進を一過性に終わらせず本格的な前進を実現し、自民党政治に代わる国民中心の新しい民主的政権、「民主連合政府」を実現する展望を開くことを正面に掲げ前進しようとしている。

そのためにも、選挙での躍進の教訓がどこにあるのかを深く分析し、全党の力で、民主的政権への実現を展望した情勢の新しい激戦的変化とそれにふさわしい活動課題と方向を明らかにする全国大会を、平成二六年初頭に開催した。

植木は、日本共産党が多くの人たちにわかってもらいたいことがある、という。

躍進の大きな要因としてあるのは、第一に、安倍自民党政権の暴走に対する正面からの「対決」「提案」「国民との共同」の努力と発展が、選挙でも実を結んだということだ。

安倍政権の暴走との対決の焦点となったのは、国民の暮らし、経済、外交の閉塞をどう解決するかだ。具体的には、国民の暮らしも国内経済も際限ない悪化を繰り返す状態から、どう抜け出すかということが基本にある。

その焦点の課題として、消費税増税の中止と社会保障改悪のストップ、原発再稼働反対、原発ゼロへの転換、関税、非関税障壁の撤廃で日本市場をアメリカに明け渡すというＴＰＰへの参加の問題がある。

さらに、もう一つは、安倍政権による憲法改定であり、九条を改定して自衛隊を国防軍にかえ、海外で戦争をする国になるという問題である。

また、その根底にあるのが、安倍首相自身が再三再四にわたって日本の戦争を「侵略とはいえない」という歴史逆行の認識である。まさに戦前のような保守回帰、このような危険な道に進むことが許されるのか、ということが問われた。

これに対して、日本共産党は、安倍政権に正面から対決するとともに、内政では消費税増税に頼らず、暮しも経済も立て直す「経済提言」、「原発ゼロ提言」、外交では「日米安保体制から抜け出す外交提言」など、焦点課題での打開の展望を示して闘ったことが、躍進のうえでの力となった。

選挙後、マスメディアからは、日本共産党が急速に前進した要因として、自民党の危険な暴走に対する国民の批判の受け皿になったと評価された。

同時に日本共産党は、批判・反対だけでなく、どんな問題でも、内外の閉塞打開の展望を明らかにする「提案」を掲げて闘ったことが、大きな共感を得ることにつながったと見ている。

特に、若い層からは、平和憲法を守り抜くという護憲の姿勢、原発再稼働反対と同時に、非常に劣悪な働き方をさせられているというブラック企業に象徴される問題への取り組みが評価された。ブラック企業を一掃し、根絶させなければ経済も雇用も成り立たないという訴えに対する強い共感があった。

アベノミクスに対抗し、大企業の応援ではなく国民の家計と暮しを応援するという経済提言では、大企業の内部留保の一部を使った賃上げと安定雇用の実現、さらには消費税増税をストップし、国民の暮らしを応援することで冷え込んだ内需をあたためることが、景気回復の転換を実現し、日本経済を立て直す道なんだと呼びかけた。

日本共産党の提言は、劣悪な働かせ方をさせられている若い世代からも、大企業の職場からも、高齢者からも、筋が通っており、政治の力で転換していくことが日本の未来を明るくしていくとの広い共感と支持を呼んだ。

もっと言えば、国民との憲法、原発、消費税、ＴＰＰ、社会保障などさまざまな政策課題の一致点にもとづく「一点の共同」の発展と党への共感である。

実は、これは、第二次安倍政権以前の民主党政権時代からも急速に広がっていた。民主党は政権につくやいなや、「自民党政治を変える」、「暮し第一」と言いながら、ことごとく公約を投げ捨てた。

それが、沖縄の辺野古への米軍の新規基地建設の容認であり、つづいてTPPへの参加の道を開こうとしたことである。そのうえ、「民主党政権ではやらない」といっていた消費税増税と社会保障の一体改悪、さらには、原発再稼働だ。これらは、暮しの安全、安定、地域の雇用と経済の基盤となっている農業、中小企業の経営環境を根本から壊すものである。

これら、公約破りの連続が国民からの批判を招くとともに、日本共産党との草の根からの一点の共同を広げてきた。こうした誠実な努力は、従来、接点がなかった広範な人々からも支持されるようになり、共感されるようになった。

さらに、参院選を前にして、これらの課題とともに、改憲、歴史認識の問題が安倍政権の側から持ち出されたことで、自民党の保守層、自民党支持層である農協や医師会の間からも危険だとの声が上がり始めた。

特に、印象的なのは、古賀誠《こがまこと》元自民党幹事長が共産党機関紙「しんぶん赤旗」のインタビューに応じ、憲法改正の発議要件を定める九六条の改正について「認めることはできない。絶対にやるべきではない」との見解を表明したことは大きい。「赤旗」に自民党幹事長経験者がインタビューで登場するのは、平成二一年の野中広務《のなかひろむ》、平成二五年一月の加藤紘一《かとうこういち》以来のことである。

このように、保守層の人々の間で共感を広げ、共同が広まったことが日本共産党の選挙での躍進につながり、実を結んだ。

第二の躍進の要因は、党の自力、実力をつけるという年来の努力の成果である。日本共産党は、「いいことを言うが力なし」という状況にあった。

その背景に何があったのか……。

選挙では、比較第一党しか議席を与えないという小選挙区制度のもと、自民党か民主党かの「二大政党による政権選択」を迫るという政治キャンペーンが、長期にわたって続けられた。

それは、財界、政界、メディア関係者が一体となった国民誘動の戦略であり、具体的には「二一世紀臨調」を主舞台にした政治キャンペーンが、長期にわたり展開されてきたことと深く結びついている。自民党か民主党からの「二大政党」選択とは国民の目から、選挙の際の、政党選択の対象から日本共産党を除くという攻撃であった。

このような障害を乗り越え、前進するためにも、草の根で、国民の中に広く根を張った強く大きな党をつくる独自の努力が必要だった。

日本共産党の躍進が抑えられてきたこの一五年間は、国民の暮らし、経済の基盤が急速に破壊され、日本は世界でも例をみない経済の成長が止まった、少子高齢化と格差社会の国となった。国内需要の主要部分を占める勤労者の所得は下がりっぱなし、そのいっぽうで、国民の税社会負担は増大の連続だった。支援・優遇されているのは、大企業。法人税の削減、アベノミクスによる金融緩和策の大盤振る舞いで大企業だけがひとり勝ちし、内部留保を貯めこむという異常が進行した。

これに対して、国民、地域経済の基盤、農業、そして中小企業の八割が赤字であり、雇用も地域経済も深刻な危機という状況にある。その下で、大企業応援でなく、国民生活、雇用、地域経済を支える農業、中小企業、子育て世代支援への政治転換こそ、経済の閉塞を打開し、持続的発展の軌道にのせる道であることは、国民の実感になりつつあった。そのことに、多くの国民が気づき始めたのである。

そのためにも、逆立ちをつづける自民党政治の暴走に正面から対決し、転換を迫る日本共産党を国政でも地方政治でも大きくしなければならない。その確かな力となる党の草の根の力、共産党員と「しんぶん赤旗」読者をおもいきって拡大しなければならない。地方議員の力を大きくしなければならない。

日本共産党は、これらのことに、かなり力点をおいてやってきた。

特に、日本共産党が結党九〇年を迎える前年に、党員を増やそうという思いきった運動を展開した。これによって、二万人を超える新しい党員を迎えることになったのである。

人々の苦難を解決する政治の民主的改革のためには、日本共産党の力そのものを大きくしていかなければと愚直に訴え続けた。

日本共産党なら問題に正面から挑み、政治を変えることができる。それが大きく響いて若い人たちの間にも急速に日本共産党の応援者が広まったのだ、という。

二〇〇〇年代までの日本共産党の躍進と違う点は、自民党と共産党の間に、自民党政治への批判を受け止める政党がなくなったことである。民主党は、結局は自民党と同じだという実績をつくってしまった。第三極も自民党の補完勢力という状況になってきている。これは、戦後政治の中で初めてのことだ。

同時に、自民党政治の足場となっていた保守的基盤である農協、職域団体の支持離れは劇的にすすみ、支持基盤が崩壊してきている。日本共産党の「対決」、「提案」、「共同」の方向というものが民主的な政治を開いていくうえでの大きな条件をつくり出している。

現在、党員は約三〇万五〇〇〇人。職場、地域、大学に共産党の党支部を組織しているが、その党の支部は二万を超え、政権の暴走ストップでの課題で共同を発展させ、切実な要求実現の運動を前進させる確かな拠り所となり、選挙勝利への組織的力となっている。国会議員は衆議院が二一人、参議院が一一人を誇る。地方議員の数も二七〇〇人まで前進した。地方議員では、自民、公明をあとわずかで追い抜き第一党となりうるところにある。

こうした独自の努力は、まだ緒についたばかりだ。道半ばだが、近年の衆議院総選挙、参議院選挙、東京都議選挙での躍進は確かな力となっている。

この三年間で、「対決」「提案」「共同」で暴走をストップさせ、現実政治を動かすという、まさに自民党政治に代わる新しい政治を実現する展望を具体化できるところまで到達した。本格的な〝自共対決の時代〟を迎えた。

# 第二章
# 日本共産党秘録

# 戦前の暗黒日本

日本の政党として最も古い、結党九四年の歴史を持つ日本共産党は、戦前・戦中の暗黒ともいえる当時の日本社会をどう見ているのか。二〇〇四年一月一七日に行われた第二三回党大会において改定された綱領には以下のようにある。

一．戦前の日本社会と日本共産党

（一）日本共産党は、わが国の進歩と変革の伝統を受けつぎ、日本と世界の人民の解放闘争の高まりのなかで、一九二二年七月一五日、科学的社会主義を理論的な基礎とする政党として、創立された。

当時の日本は、世界の主要な独占資本主義国の一つになってはいたが、国を統治する全権限を天皇が握る専制政治（絶対主義的天皇制）がしかれ、国民から権利と自由を奪うとともに、農村では重い小作料で耕作農民をしめつける半封建的な地主制度が支配し、独占資本主義も労働者の無権利と過酷な搾取を特徴としていた。この体制のもと、日本は、アジアで唯一の帝国主義国として、アジア諸国にたいする侵略と戦争の道を進んでいた。

党は、この状況を打破して、まず平和で民主的な日本をつくりあげる民主主義革命を実現することを当面の任務とし、ついで社会主義革命に進むという方針のもとに活動した。

(一)党は、日本国民を無権利状態においてきた天皇制の専制支配を倒し、主権在民、国民の自由と人権をかちとるためにたたかった。
党は、半封建的な地主制度をなくし、土地を農民に解放するためにたたかった。

党は、とりわけ過酷な搾取によって苦しめられていた労働者階級の生活の根本的な改善、すべての勤労者、知識人、女性、青年の権利と生活の向上のためにたたかった。

党は、進歩的、民主的、革命的な文化の創造と普及のためにたたかった。

党は、ロシア革命と中国革命にたいする日本帝国主義の干渉戦争、中国にたいする侵略戦争に反対し、世界とアジアの平和のためにたたかった。

党は、日本帝国主義の植民地であった朝鮮、台湾の解放と、アジアの植民地・半植民地諸民族の完全独立を支持してたたかった。

(三)日本帝国主義は、一九三一年、中国の東北部への侵略戦争を、一九三七年には中国への全面侵略戦争を開始して、第二次世界大戦に道を開く最初の侵略国家となった。一九四〇年、ヨーロッパにおけるドイツ、イタリアのファシズム国家と軍事同盟を結成し、一九四一年には、中国侵略の戦争をアジア・太平洋全域に拡大して、第二次世界大戦の推進者となった。

帝国主義戦争と天皇制権力の暴圧によって、国民は苦難を強いられた。党の活動には重大な困難があり、つまずきも起こったが、多くの日本共産党員は、迫害や投獄に屈することなく、さまざまな裏切りともたたかい、党の旗を守って活動した。このたたかいで少なからぬ党員が弾圧のため生命を奪われた。

他のすべての政党が侵略と戦争、反動の流れに合流するなかで、日本共産党が平和と民主主義の旗を掲げて不屈にたたかい続けたことは、日本の平和と民主主義の事業にとって不滅の意義をもった。

侵略戦争は、二千万人をこえるアジア諸国民と三百万人をこえる日本国民の生命を奪った。この戦争のなかで、沖縄は地上戦の戦場となり、日本本土も全土にわたる空襲で多くの地方が焦土となった。一九四五年八月には、アメリカ軍によって広島、長崎に世界最初の原爆が投下され、その犠牲者は二十数万人にのぼり（同年末までの人数）、日本国民は、核兵器の惨害をその歴史に刻み込んだ被爆国民となった。

ファシズムと軍国主義の日独伊三国同盟が世界的に敗退するなかで、一九四五年八月、日本帝国主義は敗北し、日本政府はポツダム宣言を受諾した。反ファッショ連合国によるこの宣言は、軍国主義の除去と民主主義の確立を基本的な内容としたもので、日本の国民が進むべき道は、平和で民主的な日本の実現にこそあることを示した。これは、党が不屈に掲げてきた方針が基本的に正しかったことを、証明したものであった。

## 天皇と革命

日本共産党は、一九五〇年代のあれこれの事件をとりあげられては「暴力革命の党」と中傷され、攻撃を受けたこともあった。

しかし、日本共産党中央委員会副委員長の市田忠義によると、武装闘争は、分裂したいっぽうの徳田球一《とくだきゅういち》・野坂参三《のさかさんぞう》分派がやったことであり、日本共産党の正規の機関が「暴力革命」などの方針を決めたことは一度もない、という。

戦後、作家の小林多喜二は共産党の犠牲者であり、特高警察の拷問により犬死にしたと言われたこともあるが、市田はそうした見解に反対である。やはり、先輩たちが節を曲げずに反戦平和・主権在民を唱え続けたことで、戦後の日本国憲法に恒久平和主義が明記されたわけであり、それが脈々と生き続けているという。

市田は思う。

〈たとえ時間はかかったとしても、真理は必ず多数派になっていく。その意味では、ものすごく貴重な闘いだった〉

日本は絶対主義的天皇制だった。これを無くさない限りは、平和も民主主義も国民生活の向上もないという。

戦後は象徴天皇制となった。日本共産党綱領では、当面の民主主義革命の段階で、「現行憲法の前文をふくむ全条項をまもり、とくに平和的民主的諸条項の完全実施をめざす」と明記している。

同時に、綱領では、天皇制について次のように党の立場を明らかにしている。

「天皇条項については、『国政に関する権限を有しない』などの制限規定の厳格な実施を重視し、天皇の政治利用をはじめ、憲法の条項と精神からの逸脱を是正する。党は、一人の個人が世襲で『国民統合』の象徴になるという現制度は、民主主義および人間の平等の原則と両立するものではなく、国民主権の原則の首尾一貫した展開のためには、民主共和制の政治体制の実現をはかるべきだとの立場に立つ。天皇の制度は憲法上の制度であり、その存廃は、将来、情勢が熟したときに、国民の総意によって解決されるべきものである」

つまり、民主主義革命の遂行《すいこう》と象徴天皇制の継続は矛盾しない、共存できるという立場だ。結局、転向者はいろんなことを言うが、市田にすれば、絶対主義的天皇制にひれ伏し、屈服しただけでしかない。

市田は、転向した人は間違いだと思うが、ただ、心ならずも転向した人たちがいることも理解している。戦後に反省し、悔いて、自己批判し、決意した人の再入党は認めている。

たとえば、『歌のわかれ』の作家中野重治《なかのしげはる》は、獄中で転向し出獄していたが、昭和二〇年に再入党して、二二年参議院議員になっている。だが、それにも拘わらず、中野は志賀義雄《しがよしお》らとともにソ連の指図に沿って部分的核実験停止条約の批准《ひじゅん》を支持したために、昭和三九年日本共産党を除名されている。

市田は、転向しなかった人たちはすごいと思う。

〈自ら権力の側に身を売って転向した人もいれば、執筆活動だけ辞める、政治活動はやらないというような形で心ならずも転向した人もいる。最後まで転向しなかった先輩たちは、尊敬に値する人たちだ〉

戦後、共産党を除名された人でも反共的なことを言わない人とは、普通の付き合いをしている。

のちに神奈川県知事になった長洲一二《ながすかずじ》は、構造改革論の立場で反党活動をし共産党を除名された。だが、その後、共産党への攻撃をとらなかった。それ故、知事時代には、共産党も応援をしたことがある。

市田は、中国の国慶節の日にホテルニューオータニで一〇〇〇人くらいの要人が集まった祝賀会に出席した。政財界からマスコミ、あらゆるジャンルの要人が参加していたが、ある人が市田のところに近寄ってきて、声をかけた。

「テレビでよく拝見する共産党の方ですね」

相手の男性は、八五、六歳の人だった。

「はい、そうですけど」

「わたし、ある経済団体の元役員の者です」

そう自己紹介をしながら、市田に言った。

「昨日、ぼくの本棚を整理していたんです。そうしたら、市田さん、『共産党宣言』が出てきた。ぼくは、東大時代にマルクスを齧《かじ》っていたんだよ」

「ああ、そうですか」

「今もぼくは反共ではなくてね、共産党が言うことは筋が通っていて一理あるなと思ってるんですよ」

案外、こういう人はいる。

# 長州のDNA

戦後、徳田球一亡きあとの日本共産党を背負って立った野坂参三、志賀義雄、宮本顕治の三人は、興味深いことに、いずれも山口県人である。

宮本は、渡邉恒雄に尊敬する人物は誰かと訊かれ、「吉田松陰《よしだしょういん》」と戦後、答えている。

そのほか山口県関係の左翼人や、かつての進歩派をひろい出してみると、市川正一《いちかわしょういち》、神山茂《かみやましげ》夫《お》、大塚有章《おおつかゆうしょう》、宮川實《みやかわみのる》、松村一人《まつむらかずと》、細迫兼光《ほそさこかねみつ》、林要《はやしかなめ》、末弘厳太郎《すえひろいずたろう》、高橋亀吉《たかはしかめきち》、赤松克麿《あかまつかつまろ》、赤松《あかまつ》五百麿《いおまろ》、赤松常子《あかまつつねこ》の三兄妹、中本たか子など、質量ともに他の地方を圧している。

いっぽう山口県からは、総理大臣を、伊藤博文《いとうひろぶみ》、山縣有朋《やまがたありとも》、桂太郎《かつたろう》、寺内正毅《てらうちまさたけ》、田中義一《たなかぎいち》、岸《きし》信介《のぶすけ》、安倍晋三《あべしんぞう》と、七人も輩出している。

それにしても山口県からどうしてこのように右も左も多くの〝人材〟が出たのであろうか。この点については、さまざま説があるが、大宅壮一《おおやそういち》は、『権勢と叛逆を生む・山口』で主たる点を挙げている。

第一に、中国地方一二〇万石を領していた毛利藩が関ヶ原の戦争で、大阪方に味方して敗れたため、防長二州三六万石の僻地におしこめられ、精鋭分子だけが残って、その後の三〇〇年間に大量のポテンシャル・エネルギーを貯えたこと。

第二に、俗にいう防長の〝三白産業〟すなわち米、塩、紙などの増産を計り、開墾、干拓などを積極的におこなって、幕末ころには一〇〇万石に近い実収をあげ、軍備を充実し、幕府の二回にわたる長州征伐をハネかえし、維新革命の主導権をにぎったこと。

第三に、イデオロギーの面では吉田松陰、財政面では村田清風《むらたせいふう》のように優れた指導者が出て、有為の人材を多く養成したこと。

第四に、三方海に囲まれ、自然の景勝や気候風土に恵まれるとともに、下関《しものせき》その他の要衝の地を擁し、内外の情勢に関する新しい知識を獲得することができたこと。

この他にもまだまだ理由はあるだろう。藩祖毛利元就《もうりもとなり》の有名な遺訓、矢も三本束ねると折れないという教え。

萩《はぎ》の町を歩くと、明治の〝元勲〟たちの生家とか旧宅とかいうものがやたらにあって、その前に石の記念碑が建っている。これらの家は、酷くみすぼらしいものだが、そういうところに育っても、ひとたび社会変革の風雲に乗ずれば、大臣、大将となり、最後は神にもなれる、革命というものはこんなにボロイもんだ、ということを教えているようだという。

野坂参三も志賀義雄も、この萩の生れである。

長州藩では、毎年元旦の未明に、城中正寝の間で、君公ひとりが端坐《たんざ》していると、その御前に家老職が恭しくまかり出て、

「幕府ご追討の儀は、いかがでございましょうか」

と問うと、君公は、

「いや、まだ早かろう」

と答える。これを正月の挨拶として二百何十年もつづけたあげく、ついに幕府を倒すことができたのだ。

大宅は、妄想をたくましくして、次のような場面を描いている。


代々木の共産党本部の第一書記室でも、今年（昭和三三年）の元旦あたり、志賀がまかり出て、

「資本主義打倒の武装蜂起は、いつにしましょうか」

というと、野坂は、

「いや、まだまだ、どこからもそういう指令は来ていない」

と答えているかもしれない。


と書いている。

なお、この反逆の血は、のちに触れるが、共産党の強い京都にも飛び火している……。

## 軍国少年の敗戦

松本善明《まつもとぜんめい》は、平成一五年まで衆議院議員を通算一一期（三六年）務め、日本共産党では党国対委員長、党衆議院議員団長、党幹部会委員などを歴任した。

松本善明は、大正一五年五月一七日、大阪の曾根崎で生まれた。八人兄弟姉妹の三番目で、長男だった。

父親の善次郎は、梅田新道で、法律図書を中心とした出版や、その他の販売をおこなっている大同書院という出版社を経営していた。従業員が三〇名ほどいる小企業であったが、その名は、出版界にとどろいていた。

父親は、千葉県夷隅《いすみ》郡浪花《なみはな》村という太平洋岸に近い農村に生まれ、東京の神田にあった巖松堂という本屋の店員から叩き上げで、大同書院を創立した。言わば、立志伝中の人物である。

善明は、何不自由のない、満たされた生活を送った。

昭和八年四月、曾根崎小学校に入学したのも束の間、父親は病弱な息子のことを考えて、環境のよい宝塚に転居した。洋風の洒落た家であった。

善明も宝塚小学校に移り、小学三年からは、箕面《みのお》学園小学校に通った。箕面学園は、関東の自由学園のような私立学校で、一クラスが二〇数名の少人数編成であった。知恵遅れや身体障害の子供たちも、いっしょに学んでいた。しかも、「男女七歳にして席を同じうせず」といわれた軍国主義教育の時代に、ここだけは、男女共学であった。

高等教育を受けていない父親は、長男の善明に、なんとしてでも良い教育を受けさせたかった。さまざまな人に話を訊いて、息子にとってよいと思ったら、躊躇しなかった。

家には、本がたくさんあった。イソップ全集や、エジソン、リンカーン、徳川家康《とくがわいえやす》、東郷平八郎《とうごうへいはちろう》などの偉人伝が、ずらりとそろっていた。父親が、買いそろえてくれるのである。

善明は、それらの本をよく読んだ。小学五、六年になると、渡された教科書を、自分の勉強部屋で全部読んだ。四歳年上の姉の教科書まで引っぱり出して、それも全部読んだ。それゆえ学校の授業は、あらかじめ頭に入っていた。

立派な口髭《くちひげ》をたくわえた父親は、善明にことあるごとに言った。

「偉いもんになれよ」

善明は、父親の言葉と読書に触発され、将来国家のためになる人間になろう、と思っていた。私企業に進むことなど、夢にも考えなかった。

箕面学園では成績を発表しなかったが、善明がトップであることは、間違いなかった。善明は、卒業式では、答辞を読んだ。

昭和一四年四月、善明は名門の北野中学（現・大阪府立北野高校）に入学した。中学入試は、なんと「国史」一科目だけであった。歴代天皇の名前を全部書かなければならなかった。

北野中学は、旧大阪一中で、漫画家の手塚治虫《てづかおさむ》、俳優の森繁久弥《もりしげひさや》らを輩出している。善明と同学年には、藤田田《ふじたでん》（日本マクドナルド創業者・故人）がいた。

善明は、日中戦争、そしてまもなく日米開戦へとつながっていく状況のなかで、純粋な軍国少年として考えていた。

〈戦争に行って、死のう……〉

つねにトップクラスの成績で、一年生からクラスの組長をつとめた彼は、三年生の昭和一六年一二月八日、真珠湾奇襲作戦成功の報を聞くや、熱い感動で全身を震わせた。

〈やったぞ！　いよいよ日本は、包囲してくる欧米に対して起ったんや！〉

昭和一七年一二月八日、真珠湾攻撃一周年を記念して、大阪の北野中学の全校生徒が、市内の映画館で真珠湾攻撃の記録映画を観ることになった。四年生の松本は、組長として、映画館までの部隊行進を指揮することになっていた。もちろん、その日の服装は軍装でなければならない。

朝、校庭に集まった。松本は、自分の持ち物を確認して愕然とした。

〈軍用かばんを忘れとる！〉

組長ともあろうものが、必需のかばんを忘れたとなると、ただでは済まない。

そのとき、同級生の橋上好郎が近づいてきて、ささやいた。

「かばんを忘れたんか。おれのを使えや」

「えッ！」

「きみは指揮をせならんからな。どうせ、おれは教官から睨《にら》まれとるんやから、見つかっても平気や」

橋上は自分のかばんをおろし、有無をいわさず松本に押しつけた。橋上は、硬派の不良といった感じで、ふだん学帽など、わざと汚くしてかぶっていた。

松本は、かばんを背負うと、行進の指揮に立った。

ところが、橋上が、ついに教官に見つかってしまった。映画が終わって解散となったとき、教官に引っぱり出され、鉄拳をあびせられた。

　橋上は、松本の目の前で、いっさいを言わずに歯を食いしばっている。それを見て、松本は、名乗り出ずにはおれなかった。

「教官！　自分がかばんを忘れたんです。自分のかばんは、橋上君が貸してくれたんです！」

　松本の声に振り返った教官は、激しくなじった。

「なに！　おまえ組長のくせに、どうして忘れた！　おまえのような男には、今日のような映画を観ても、何もわからんだろう！」

　松本は、その言葉にムッときた。

〈くそっ、今日のような映画がわからんということがあるか……！〉

　愛国少年の松本は、誰よりも国を思っていると自負していた。教官の言葉は、その松本の誇りを、ひどく傷つけたのであった。

　松本は、家に帰ると、机に向かった。一晩中かかって、教官に手紙を書いた。

「わたしがすべて悪い。しかし、『あの映画を観ても、わからないだろう』というのは、『おまえは日本人でない』と言われるのとおなじことです。言葉を取り消してください」

　翌日、松本は、手紙を持って、教員室に行った。

　教官の顔は、読み進むうちに、赤鬼のように真っ赤になった。

「おまえは、おれに文句をつけにきたな……いい証拠ができた！」

教官は立ち上がるや、松本にたてつづけに五、六発鉄拳をあびせた。生まれて初めての鉄拳制裁であった。

松本は、心の中で叫んでいた。

〈おれは、まちがってない！　まちがっとるのは、この教官や！〉

まもなく、校内の掲示板に、一枚の処分勧告書が貼り出された。

「組長を免ず　松本善明」

北野中学始まって以来の出来事だった。

松本に、すべての教師が牙をむいたのではない。担任の先生は、励ましてくれた。

「松本、一高（旧制）に入って、見返したれ」

松本の四年終了時の通信簿は、事件を起こしたにもかかわらず、修身が九八点、教練は九五点がついた。ただし、操行だけは、甲乙丙丁の評価の一番下の「丁」がつけられた。それまで操行は、三年間「甲」だった。

松本は、中学四年で一高を受験したが、操行の成績がたたってか落とされた。

昭和一八年四月、五年に進級した松本は、四年終了時の成績で首席となり、ふたたび意地で組長に返り咲いた。

校長が変わり、軍国主義をむき出しにした校長が、北野中学にやってきた。

その校長は、北野中学に転勤してくるなり、全校生徒を校庭に集めて、激越な檄《げき》を飛ばした。

「戦況は、緊急を増している。きみたちは、一〇年後の大学者となるより、一年後の一兵卒となれ！」

北野中学の生徒は、だいたい、三高（旧制）に進み、学者になるものが多かった。校長の言葉は、それを戒めていたのである。松本は、校長の訓示に、全身が熱くなった。

〈そうや、そのとおりや！〉

もう一度、翌年、一高を受けようと思っていた松本は、急速に進路を変えた。たしかに、戦局は風雲急を告げていた。

日本軍は、この年二月一日、ソロモン諸島のガダルカナル島を撤退し、五月二九日には、アリューシャン列島のニア諸島最西部にあるアッツ島の日本軍守備隊二五〇〇人が玉砕していた。

〈学問など、悠長にやっておれん。おれは、海軍兵学校に進んで、立派に死のう！〉

この年の夏、松本は海軍兵学校を受け、合格した。一二月、広島県江田島《えたじま》の海軍兵学校に入学した。

松本は、いつ死んでも平然とした気持ちで死のうと努力した。そのために、兵学校のあらゆる学科に、真剣に取り組んだ。いかに生きるか、という教育ではない。いかに死ぬか、という「死の教育」が、徹底してほどこされた。

成績も優秀であった。同期生は、三五〇〇人いた。いずれも海軍のエリート予備軍である。そのなかにあって、松本は、常にトップクラスであった。同時に、分隊の頂点に立つ伍長もつとめた。

一期上の先輩たちは、人間魚雷「回天《かいてん》」の指導官の任務についていた。その先輩たちも、次々と命を散らしていった。

戦争も末期に近づくと、食べ物も底をついてきた。それでも、兵学校には、週に二回、甘いお菓子が支給された。だいたい決まって江田島羊羹《ようかん》であった。が、同期生の野坂二朗（のち日貿商事会長）は、それさえも口にすることができない一般の子供たちのことを思うと、自分も羊羹を口にできなかった。野坂は、松本に言った。

「松本伍長、われわれのお菓子を、子供たちの配給にまわしてはどうですか」

松本も、そのとおりだ、とうなずいた。野坂の提案にしたがって、子供たちの配給にまわすことに決定した。

野坂は、善明に頭が下がる思いだった。

〈物欲や食欲などの本能に負けておらん人間だな……〉

松本は、いっさいの現世につながる本能を追いやり、ひたすら死の彼方に自分の命を舞いあがらせようとしていたのである。

昭和二〇年八月六日午前八時、松本は、教室で教官の訓示を聞いていた。

時計の針が八時一五分をまわろうとしたときだった。突然、窓の外の南の空が、目も醒めるようなオレンジ色に染まった。一度その色がさっと引くと、また華々しい色が空一面を染めた。

五回、六回……。

と、けたたましい音とともに、校舎が地震のように揺れた。窓が、激しい音をたてて鳴った。

〈何だろう……〉

まもなく、彼方の空に、桃色の異様なキノコ雲があがった。

白い頭巾が配られて、しばらく伏せていた。

広島市に、原子爆弾が投下されたのである。のちに、あれは特殊爆弾だということが知らされた。が、松本はそれが日本敗戦の引き金になるとは、思いもしなかった。

生徒のなかには、深夜、通信課の部屋にこっそりと侵入し、アメリカ軍の無線を傍受する者がいた。

彼は、松本のところにきてささやいた。

「日本は、負けるぞ。もう駄目だ……」

が、松本は、はねつけた。

「何を言ってるんだ。そんなことはない」

しかし、ついにその日はやってきた。八月一五日、日本は敗戦を迎えたのである。正午、校庭に集まり、玉音放送を聞いた。天皇陛下の言葉は、あまりにも雑音が激しくて聞きとれなかった。少しして、敗戦を知った。松本は、呆然とその場に立ちつくしていた。涙は出なかった。

頭の中が、ひどく混乱していた。

海軍兵学校の中では、切腹した者が一人出た。

「まだ戦争は、終わっとらんぞ！」

と叫んで歩く者もいた。

江田島軍港に、小型潜水艦が日の丸の旗をはためかせてやってきた。

「これからアメリカの艦隊と闘うため、出撃するのだ！」

兵学校の生徒たちは、全員がその小型潜水艦を見送りに走った。

松本も向かった。

教官たちが、必死で全員を制止した。

「もどれーッ、もどらんか！」

潜水艦の甲板には、何人かの兵学校出身の先輩たちが、日の丸のはち巻きをして、出撃を叫んでいた。

松本は、教官の制止に、足を止めた。喧噪のなかで、松本は、冷静さをとりもどしていた。

〈これからが大変や……いったい日本は、どうなるんやろうか……〉

見上げると、夏の陽射しがぎらぎらと照り輝いている。毎日のように喚《わめ》いていた空襲警報も、今はもう鳴らない。のんびりとした盛夏の一日である。

〈もう死ぬことはないのか……〉

松本は、ほっとしたような気持ちになった。とたんに、頭を左右に激しく振った。ほっとした気になったことが、うしろめたかったのだ。

まもなく、江田島の大原から兵庫県宝塚の家に帰ることになった。松本が、リュックの中にまず入れたのは、きれいな箱に入った軍人勅諭であった。松本にとって、それこそが自分の命そのものなのであった。

〈七生報国《しちしょうほうこく》や……かならず、いつか、アメリカに目にもの言わせてくれる……〉

## 誰が息子を戦争で殺したのか

日本は、戦争に負けた。松本は、しばらく、生きていることが罪悪であるかのような思いにとらわれた。

敗戦の日に誓った七生報国など、まるでガリバーの巨大な足で蹴散らすようにして、アメリカ軍が進駐してきた。東条英機《とうじょうひでき》をはじめとする軍指導部は、戦犯に問われ、占領軍に逮捕された。「聖戦」と信じて疑わなかった戦争は、侵略戦争だと位置づけられた。現人神《あらひとがみ》であった天皇は、「人間宣言」をした。すべての価値は、完璧に覆された。善明の苦悩の日々が、始まった。

〈あの戦争が侵略戦争ならば、なぜそれが起こったのか……おれにとって、死を覚悟させた天皇とは、何だったのか……〉

すべての価値の転換は、それまでの松本の生き方を、根こそぎ否定し去った。

〈おれは、どう生きればいいのか……〉

いかに死ぬかだけを考えてきた松本は、初めて、いかに生くべきか、を考え始めた。その答えを見つけるために、哲学を学びたいと思った。

海軍兵学校の最上級生には、大学受験資格が与えられていた。松本は、東大の哲学科を進学先に選んだ。

が、法律図書の出版を手がけている父親の善次郎は、反対した。

「哲学科など行くなら、金は出さん。法学部に行け」

松本は、父親に従うほかなかった。しかし、心の中では、あくまでも哲学を勉強しようと決意していた。

〈中に入ってしまえば、何をやったってええんや〉

昭和二一年三月、松本は東大法学部政治学科を受験し、みごと合格した。

が、入学したものの、食糧難で、五月に入ると、千葉の九十九里近くにある大原町《おおはらまち》に、リュックを背負って出かけた。大原町では、母方の祖母が、農業を営んでいる。松本は、そこに行って田植えを手伝うのだ。そのかわり、報酬として米をもらうことになっていた。

松本は、なれない手つきで田植えを終えると、あぜ道に上がって祖母とならんでお茶を飲んだ。

「おばあちゃん、靖国にお参りに行かんの？」

「いやあ、靖国なんて参ったって、どうしようもないさ。信行は帰ってくるわけじゃねえ。まったく靖国も天皇陛下も、どうでもいいさ。信行を戦争にとられて、おいねえや」

おいねえや、とは、方言で「困った」という意味である。祖母の息子、つまり善明の叔父の信行は、日中戦争で兵役にとられ、戦死した。

善明は、勢いこんで言った。

「陛下は、そんなお方ではないよ。そんなこと言っては、ならんよ」

が、祖母は、首を左右に振った。

「それじゃ、信行を、誰が殺したのかね。誰が、戦争に引きずり出したんかね」

祖母の言葉は、あまりにも素朴だった。それだけに、東大に入り、インテリゲンチアの階層となった松本の心を、強く打った。理論的に戦争の原因を追及しようとしていた善明は、祖母に、人間の原点を教わったような気がした。

〈しかし、これからや。もう二度と、まちがった生き方なんぞしとうない。おれは、徹底的に哲学を勉強して、あの戦争の実体と自分の生き方を究明してみせる！〉

昭和二一年五月、千葉の祖母の田植えを手伝い、米を背負って東京にもどってきた松本は、授業そっちのけで、図書館にこもってあらゆる哲学書を読み漁った。

唯物論研究会や社会科学研究会に精力的に顔を出し始める。これらのサークルは共産党東大細胞の党員が参加していた。

松本が、なぜか気になっていたのは、戦争中、反戦を叫び、戦っていた人々がいたということだった。弾圧にもめげず、戦争に反対したのは、野坂参三、徳田球一、宮本顕治といった共産党員たちである。松本は、そんな人々がいたことをまったく知らなかった。彼らの存在は、理屈ぬきで松本を圧倒していた。

共産党東大細胞には、安東仁兵衛《あんどうじんべえ》（のち社会運動家）、宮本敏夫《みやもととしお》（のちソニー・トレーディング社長）らがいた。前述の渡邉恒雄（のち読売新聞グループ本社代表取締役・主筆）も所属していた時期があったが、松本とは入れ違いだった。

松本は、唯研に行っても社研に行っても、先輩たちを猛烈な質問攻めにあわせた。

天皇制がテーマになることもあった。が、自分の中では、天皇制については早くに解決していた。天皇みずからも、昭和二一年一月一日、「人間宣言」をしていた。その歴史、由来を学べば、天皇崇拝から脱却するのは簡単なことだった。

また、政治体制の面から考えると、天皇制問題は君主制と共和制のどちらを選ぶかに単純化できた。天皇制はいわば世襲による君主制である。これに対し、国家元首や人民の代表者を間接・直接に選出し、主権が人民にあるのが民主的共和制である。松本が選ぶのは当然後者であった。

松本が議論の中で見つけたかったのは、もっと本質的で哲学的なものだった。生きるための思想だった。

激しい議論の末に、唯研の部屋を飛び出すこともあった。

「駄目や……！」

思わず小さく吐き捨てた。外に出ると、もうすっかり夜になっていた。

唯研でも、社研でも、誰も自分の問いに根底から答えてくれる者が見つからなかった。

〈誰も、論理的におれを打ちのめしてくれん……〉

昭和二二年四月、東大法学部二年になった松本は、人に頼らず、自分だけの力で、戦争の原因と、共産主義を学ぼうと決意した。

海軍兵学校同期であった野坂二朗は、戦後の価値の大転換のなかで、共産主義に確信を持ち、東大法学部に入学してからまもなく、共産党に入党していた。が、二年生になったときには、辞めていた。

野坂は、松本の下宿である神田駿河台の大同書院二階の部屋に、たびたび松本を訪ねた。松本の部屋には、重宝なものが一つだけあった。古い六法全書の束である。配給のきざみ煙草を巻くには、もってこいの紙が、六法全書からとれた。二人は、六畳の部屋に胡座《あぐら》をかくと、六法全書を引きちぎり、きざみ煙草を器用に巻いた。うまそうに煙草を吹かしながら、野坂が言った。

「松本、どうしたんだ、その体は。まるで、カマキリみたいだぞ」

ひさしぶりに会った松本は、みちがえるほど、げっそりと痩せていた。

「いや、毎日、朝から晩まで図書館に入りびたりなんだ。飯を食う気も、なくてね」

野坂は、松本が何について苦悩しているのか知っていた。

松本は、授業にはまったく出ず、図書館にこもりきっていた。マルクス、エンゲルスの弁証法的唯物論を読んだ。資本主義の発展が他国を侵略する帝国主義へと進むことがわかった。それは、他国への侵略を突き進む道だ。松本は、横っ面を引っぱたかれたような気がした。

〈やはり、あの戦争は、正義の闘いではなく、侵略戦争だったのか……〉

松本は、自分の青春を賭けた太平洋戦争は、正義の闘いではなく、侵略戦争だったという視点から、歴史書を読み耽った。すると、じつに明解に戦争の意味が理解できた。

〈あの戦争の背景には、日本の財閥の原料入手と、市場拡大の意図があったんだ〉

松本の拳は、こきざみに怒りでふるえた。

〈人の愛国心を、侵略戦争に利用した軍国主義を絶対に許せない！〉

それと知らずに、ただ桜のように散ることだけを考えていた自分が、情けなかった。

あの戦争の意味は、マルクス主義の理論の力で、全面的に理解できた。たしかに確信できる哲学であった。

が、最後に松本が引っかかったのは、なぜ自分が共産党に入り、革命運動に命を捧げなければならないかであった。

〈侵略戦争は、二度と繰り返してはならない〉

それをハッキリと自覚し、戦争中、戦争反対を貫いてきたのは共産党だということはわかった。自分が共産党に入党し、帝国主義に走りかねない日本の資本主義を改革し、ともに民衆の手による自由で平等な共産主義社会実現のために闘わねばならない地点に立っていることを、彼は自覚していた。

が、その松本をなお入党に走らせなかったのは、二度とまちがった生き方をしたくない、というその一点であった。思わず共産党に突っ走ろうとする自分を、ぐっと抑えた。気が狂いそうだった。

## 日本共産党入党

松本の図書館通いは一年を過ぎ、三年生になってもつづいた。頬は、げっそりとこけた。亡霊のようになった。

図書館通いが一年半になろうとするころ、松本は、カントの『実践理性批判』をまた読み返した。

カントは、そのなかで、彼に強烈に語りかけてきた。どうしても人間には、こうしなければならないということがある。それが、当然の前提なのだ。実践こそ、すべての前提である。

〈マルクスこそカント、ヘーゲルのドイツ観念論の流れを受け継ぎながら、世界を解釈するのではなく、変革する立場から発展させた理論だ〉

彼は、目の醒めるような思いであった。

〈そうだ。マルクス主義は、実践の理論だ。自分が動かなければ、生きていく道は生まれないのだ！〉

彼は得心し、初めて動き出した。その思想を、自分の思想として生きていけると感じた。革命のため、人民のために、命を捧げることを誓い、日本共産党に入党した。卒業も間近い、昭和二三年、東大法学部三年の九月のことであった。

松本は、共産党入党と同時に、法学部自治会委員十数人のひとりになった。法学部自治会は、通称「緑会」と呼ばれていた。

授業開始前の五分間、彼は教壇に立ち、集まった学生たちに演説をぶった。ひとつのオルグである。ヤジを飛ばしたり、演説を妨害する者はいなかった。

学生のなかには、のち自民党幹事長になる安倍晋太郎《あべしんたろう》もいた。二人は、面識は一切なかったが、おなじ東大法学部政治学科の同級生である。

松本は、はつらつとしていた。親友の野坂二朗の眼には、松本がまるで悟りの境地に達したかのように映った。それまで、げっそりとしていた松本は、急に頬もふっくらとし、落ちくぼんでいた眼窩《がんか》には、明るい光がよみがえった。

〈こうも、違ってくるもんか……〉

野坂は、おどろきの表情で松本を見ていた。

## 無実の人が死刑になるのは耐えられないわ

松本は、昭和二四年三月、東大法学部を卒業すると、日本共産党国会議員団事務局に勤務した。

その年の一月の総選挙で共産党は躍進し、三五人の衆議院議員がいた。松本は、上村進《かみむらすすむ》、梨木作次郎《なしきさくじろう》、加藤進《かとうすすむ》など法務委員会担当の弁護士出身議員の秘書となった。

国会での仕事にも馴れた松本は、末端の居住細胞での活動もしなければ駄目だと考えた。八月になると、住んでいる神田駿河台地区の細胞会議にも出席し始めた。

その最初の日、松本がまず紹介され、六、七人の出席者が、それぞれ自己紹介をした。松本の斜め向かいに座った、おかっぱ頭の女の子が、少しはにかんで会釈しながら言った。

「岩崎ちひろ、絵描きです」

白いブラウスを着た彼女は、まるで女学生のようだった。が、このとき、実際は三〇歳である。画家として自立を決意してから、二年になろうとしていた。人生で初めて、充実期を迎えていた。

彼女は、二三歳の松本の眼に、輝いて見えた。

岩崎ちひろは、大正七年一二月五日、福井県武生市《たけふし》(現・越前市)に生まれた。松本より八歳年上であった。松本よりも早い昭和二一年三月に共産党に入党していた。入党したのは、戦争中に暮らしていた家が焼かれ、郷里の長野県に帰郷したのがきっかけであった。あるとき共産党の演説会に参加したちひろは、戦争中、共産党員でもないのに九回も逮捕されて、厳しい拷問を受けたという地区委員長の体験談を聴いた。

ちひろは、反戦者に対する戦前の特高警察のさまざまな弾圧の実態に関心を抱き、自分でも熱心に勉強するようになった。そうしてついには共産党入党を決めたのだった。

入党間もない五月には、共産党宣伝部の芸術学校で学ぶため、両親に相談することなく上京。東京では人民新聞の記者をしていた。さらに紙芝居「お母さんの話」をきっかけに、画家として自立していた。

時は、共産党にとって、大きく暗転していた。中国革命の勝利に対して、アメリカ占領軍当局は、日本を共産主義の進出から防衛しようと、共産党の弾圧に乗り出した。昭和二四年七月から八月にかけては、下山国鉄総裁怪死事件を手はじめに、三鷹事件、松川事件といった列車転覆事件がおこり、多数の共産党員が逮捕された。

法務委員会担当秘書の松本は、細胞会議で、一連の事件について、でっち上げであり、共産党への弾圧であることを語り、知りうる事実を話した。

その話を聞くたびに、おかっぱ頭の女学生のような絵描きは、胸をしめつけられるような表情で言った。

「無実の人が死刑になるのは、耐えられないわ……」

その気持ちは、嘘ではなかった。彼女は松本といっしょに、三鷹事件や松川事件の真相を書いたパンフレットを、神田の町中で売りまくった。ビラ張りもやった。彼女は、絵の仕事も猛烈にかかえながら、松本とともに寸暇を惜しんで党のために動いた。

他の党員が会議を休むなかで、おたがいの熱心さが、二人だけにすることもたびたびだった。

## 花の結婚式

二人は、急速に親しくなっていった。

松本といっしょにパンフレットを売るようになってから、ある日のこと、ちひろは販売活動の途中に恥ずかし気に口にした。

「松本さん、あたし、靴をプレゼントしましょうか」

松本の格好が、いつもおなじもので、ひどくみすぼらしかったからである。ナッパ服に、編んだ縄でつくった冷飯草履というのが、松本のトレードマークであった。

「いや、僕は、靴なら、兵学校時代の靴を六足持ってるんだ」

「え、じゃ、どうしてそれを履かないの？」

「だって、僕は、その靴を一生かかって履かなきゃいけない。だから、とても大事にしているんだ。靴なんて、一生買える身分にはなれないだろうから」

ちひろは、平然とそういう松本を、おどろきの目で見上げた。

〈この人は、世の中で一番苦しい人たちといっしょに、本気で歩こうとしてるんだわ……〉

松本は、ちひろの清らかさに好意を抱いていた。

松本は、ちひろに言った。

「あなたの絵を見せてくれませんか」

ちひろがどんな絵を描いているのか、どの程度の絵描きなのかを、知りたかった。

ちひろの下宿は、専修大学近くのブリキ屋の二階の北向きの六畳一間であった。

油絵を数点、見せてもらったあと、おたがいの家族のことや、恋愛論について語りあった。彼女がつくってくれたサンドウィッチは、格別の味であった。

その後、たびたび松本はちひろの下宿を訪ね、ごちそうしてもらった。いろんな話をした。

ちひろが、じつは二〇歳のときに両親のすすめで結婚し、昭和一四年六月に夫の勤務地である満州（現・中国東北部）の大連に渡ったが、翌年に夫が拳銃自殺を遂げた。

もちろんちひろが松本より八歳年上であることも知った。が、松本にとって、そのようなことは、問題ではなかった。今ある彼女が、すべてだった。

ちひろが、ぽつりと言った。

「でも、宮本百合子《みやもとゆりこ》だって、宮本顕治より年上よね」

彼は、ハッとした。

〈もしかして、これは、結婚の申し込みなのかも……〉

ちひろと別れたあと、松本は真剣に結婚について考えはじめた。

〈彼女がそこまで言ってくれたのなら、こっちも正式に申し込まなければならんだろう〉

ちひろと出会って二カ月ほどたっていた。一一月のはじめ、いつものように松本は、彼女の下宿に行くと、思いきって口にした。

「僕のことを、どう思っているんですか？」

ちひろは、それだけの言葉からすべてを感じて、大きく目を見開いた。あわてていた。

「とにかく今日は、お帰りになってください……」

ちひろは、何度もその言葉を繰り返した。松本は、彼女に押し出されてしまった。

ちひろはちひろで、自分の不幸な過去のために、二度と結婚はしないと決意していた。

〈わたしは、絵と結婚するのだ……〉

八歳年下の松本は、ちひろにとって、結婚の対象ではなかった。が、さすがにプロポーズされて、心の動揺は隠せなかった。

プロポーズから二、三日たった革命記念日の記念集会が、一一月七日、神田の共立講堂で開かれた。

松本が行くと、入口にちひろが待っていた。黒い、幅の狭い帽子をかぶって盛装していた。

松本は、ちひろに歩み寄ると、「やあ……」と少し恥ずかしそうに、頭を下げた。

ちひろも、ぺこりと頭を下げると、少しはにかんで言った。

「この間のこと……いいです。よろしく」

松本は、天にも昇る気持ちであった。

世界で初めて社会主義国家が生まれたこのすばらしい日に、こんなすばらしい出来事が起ころうとは。彼は、自分たちの前途を、革命の女神が祝福してくれているような力強さを感じた。

翌昭和二五年の一月二一日、レーニンの命日を選び、松本と岩崎ちひろは、二人だけのつつましい結婚式をあげた。松本二三歳、ちひろ三一歳であった。

式場は、ちひろの下宿であるブリキ屋の二階の六畳間。北向きで壁の落ちかけている部屋は、見ちがえるほど華やかだった。彼女が大金の一〇〇〇円をはたいて買った花ばなで、埋めつくされていたからだ。

二人は、ぶどう酒一本と、きれいなワイングラス二つで、ささやかに愛と「決意」を誓いあった。

のちに、歌手の上條恒彦《かみじょうつねひこ》は、「花の結婚式」と名づけ、土井大助《どいだいすけ》の作詞で、二人の結婚式を歌った。

屋根うらの　部屋は　暖かかった

二人で遠くを　みつめてたんだ
淋しくなんか　なかったよ　同じ炎を　もやしたから

## 絵筆一本で支える

二人は、いくつかの誓いをたてた。

一つ、人類の進歩のために、最後まで固く結びあって闘うこと。

一つ、おたがいの立場を尊重し、特に芸術家としての妻の立場を尊重すること。

が、そのような二人だけの幸福に浸っていることはできなかった。

結婚式をあげてから五カ月後の昭和二五年六月六日、連合国軍の最高指令官であるマッカーサーは、共産党の全中央委員二四名への公職追放を指令した。二五日には朝鮮戦争が勃発した。その後、共産党国会議員の追放、集会、デモの禁止、全労連の解散、労働組合からの共産党員と支持者の追放がおこなわれた。いわゆる〝レッドパージの嵐〟が吹き荒れた。

いっぽう、日本共産党に対しては昭和二五年一月六日、コミンフォルム（欧州共産党情報局）の機関紙『恒久平和と人民民主主義のために』が、日本共産党を批判する論文を掲載したのだ。

徳田球一、志田重男《しだしげお》らは、ソ連、中国の武装闘争方針の持ち込みを受け入れ、一方的に党を解体しようとした。

　これに反対し、党の統一と団結を守るため対抗したのは、宮本顕治らだった。松本は徳田らから宮本派と見られ、国会議員団事務局の職をクビになった。

　党と革命に生涯を捧げようと決意していた松本にとって、衝撃は大きかった。それでも、松本は、党活動をやめなかった。彼ができることは、「赤旗」を売ることであった。

　水道橋の駅前にベニヤで打ちつけただけの粗末な売場をつくり、「赤旗」を売った。初めのころは一部も売れなかったが、そのうち飛ぶように売れ始めた。なんといっても、妻の岩崎ちひろが描いてくれたポスターが効いた。

　松本は、職さがしをしなければならなくなった。

　彼は、そのうち、末端の労働者として出直そうと考え、東大法学部卒の学歴を隠して、圧延工の面接を受けた。が、それでも海軍兵学校卒の肩書きがたたって、落とされた。

〈弁護士か……〉

　ふと、そのとき、彼に弁護士になろうかという気持ちが湧いた。弁護士になるには、むろん最難関といわれる司法試験を突破しなければならない。

　彼は、ブリキ屋の二階に帰ると、ちひろに相談した。

「やったらいいわ。生活費のことは、わたしのほうでなんとかするから」

それが、ちひろの返事であった。彼女は言った。

「無実の人を、救ってあげて」

昭和二六年四月、松本と岩崎ちひろの間に長男が生まれた。

松本は、子の誕生を祝福するかのように、その年の暮れ、司法試験に合格した。翌二七年四月、共産党員であることを隠して、司法修習生となった。それまでの二年間、ちひろは身重でありながら、絵筆一本で生活を支えてくれたのである。

昭和二九年四月、正式に弁護士となった松本は、昭和二四年八月の松川事件や昭和二七年五月のメーデー事件、昭和二七年六月の吹田事件などの弾圧事件の弁護や、労働者の権利を守る仕事に走りまわった。

松川事件の被告は、昭和三八年、ようやく全員無罪が確定した。

のちに松本はアメリカの秘密文書から、松川事件の裏に米軍が関与していたという記述を発掘する。事件の真相は、松本の著書『謀略—再び歴史の舞台に登場する松川事件』に詳しい。

松本が弁護士になった翌年の昭和三〇年七月、日本共産党は「第六回全国協議会」を開催した。いわゆる「六全協」と呼ばれるこの協議会で、日本共産党は党を解体し、中国革命の「農村から都市を包囲する」という方針に盲従した徳田らの誤りを明らかにし、党の統一と団結を回復した。

協議会では、北京にいた徳田球一書記長が、昭和二八年一〇月一四日に死んでいたことが発表された。

新しい役員の選出もおこなわれ、第一書記に野坂参三、書記局員に紺野与次郎《こんのよじろう》、志田重男、宮本顕治が選ばれた。

六全協は、のちに外国の党を手本とせず、自主独立の立場を固め、「議会闘争を通じて幅広い国民の支持を得られる党」への方針を確立する一つの契機となった。

昭和三六年七月には、日本共産党第八回大会が開かれ党綱領草案が提起された。その内容は、「日本は米国に半ば占領された従属国であり、これとの闘争の必要性、そして日本独占資本との闘争の必要性」を述べたものだった。そして「直接社会主義革命を目指さず、『反帝・反独占の人民の民主主義革命』をめざし、それから段階的に社会主義革命へと移行する」ものとした。この綱領草案は満場一致で採択された。

松本もこの大会に参加した。大会中に発言を求め、党綱領の修正案を提案した。大会後、松本は綱領委員長の宮本に呼ばれて言われた。

「きみの意見は間違っていないけれども、綱領委員会で議論した結果、それをそのまま採り入れることはしないことになったので了解してくれないか」

松本が宮本に会ったのは、このときが最初だった。松本は宮本の話を聞いて感心した。

〈一代議員の意見をよく聞いてくれたものだ。とても民主的なんだな〉

以来、宮本とは何度か話をする機会があった。宮本は柔道の有段者で体も大きく、顔もいかつかった。が、外見と裏腹に細やかな気配りと繊細さを持った人物だった。話の端々から、勉強も細かくよくしているのがわかった。松本はそんな宮本を先輩として尊敬した。

その後、出会った不破哲三《ふわてつぞう》は、徹底した理論家だった。「マルクス、エンゲルス以上に、マルクス、エンゲルスを読んでいる」と言ってもいいほどだった。

松本にとって不破も尊敬できる後輩だった。

さて、松本は昭和三七年、中野区に同志の弁護士一八名とともに「松本善明法律事務所」を興した。事務所は司法修習生のあこがれの的であった。

翌三八年一一月には、党の要請をうけて、衆議院選挙に東京四区から立候補した。が、三万七三六三票ながら次点で落選に泣いた。

しかし、四年後の四二年一月におこなわれた衆議院選挙では、六万七九〇七票を獲得し、四位当選を果たした。レッドパージによって失った共産党の議席を、じつに一五年ぶりに、東京で取り返したのであった。

松本が選挙運動を始めると、東大時代の仲間もカンパで協力してくれた。その中には、北野中学と東大で机を並べた日本マクドナルド創業者の藤田田もいて「内緒だからな」と言いながら長く、多額のカンパを続けてくれた。藤田は、東大時代、渡邉恒雄らと新人会で活躍した。

こわもてが多いと言われる共産党のなかにあって、つねに柔和な笑みを絶やさないのが松本だ。彼が初当選してすぐにやった仕事の一つに「ちびっこ広場」の設置がある。都心に住む子供たちに、なかなか安心して遊べる場所がない。彼は、代々木にあった国有地を借り請けて、地元の人々に大いに歓迎された。いまでは、東京中にたくさんの「ちびっこ広場」ができている。

## 田中角栄を追い込む

松本は、その温厚な表情とは裏腹に、つぎつぎとタブーの喉元深く手を突っ込み、それを白日のもとに曝してきた激しさを秘めている。

昭和四四年一二月、総選挙の渦中におこなわれた二党間テレビ討論会で、当時、政治・外交政策委員会副委員長だった松本は、創価学会、公明党の言論出版妨害問題を初めて暴いた。

それまで創価学会、公明党は、その体質が批判されようとすると、ことごとく新聞社や出版社に圧力をかけ、発言、出版を妨害してきた。にもかかわらず、それらのマスコミは、いっこうに告発しようとしなかった。

この問題は、タブーとされていた。それを真っ先に告発したのが、日本共産党であり、松本だった。

松本らがこのときに取り上げたのは、政治評論家の藤原弘達《ふじわらひろたつ》の著書『創価学会を斬る』（日新報道）への妨害だった。その内容を問題視した創価学会は、竹入義勝《たけいりよしかつ》公明党委員長を使って田中《たなか》角栄《かくえい》自民党幹事長を動かした。田中は著者の藤原に出版中止を求め、「初版分は全部買い取ろう」と圧力をかけた。藤原は出版の意思を崩さなかったが、大手取次店が全国への配本を断る事態に発展した。さらに国鉄や私鉄が中吊り広告を断り、一般紙までもが広告掲載を断った。この本を直接出版社から取り寄せた書店の中には、脅迫や嫌がらせを受けた店まであった。

松本ら日本共産党議員の行く手は、とどまらなかった。連日、国会で、言論出版妨害問題を追及し、一般紙や雑誌で取り上げられるようになり、一気に火がついた。

さらに、昭和四七年一一月の予算委員会総括質問に立った松本は、時の首相田中角栄に向かって、牙をむいた。

田中角栄の利権がらみの信濃川河川敷問題を追及した。同時に、田中が大蔵大臣時代、その地位を利用して愛人に邸宅を建てたという問題を暴いた。

信濃川河川敷問題は、その後、党中央機関紙「しんぶん赤旗」編集長や党副委員長を歴任する上田耕一郎《うえだこういちろう》（平成二〇年没・元参議院議員）が粘り強く追及を続けた。

愛人問題は、赤旗編集長の上田から「取材でわかったから、国会でやってくれないか」と持ち込まれ、連携プレーで追及したものだった。

〝今太閤《いまたいこう》〟ともてはやされ、飛ぶ鳥を落とす勢いの田中角栄に、地位を利用した金脈の乱脈ぶりを追及するものはいなかった。時の最高権力者田中角栄に対する批判は、当時〝角タブー〟と呼ばれるほどであった。それを真っ先に追及したのが、松本だった。

田中角栄は、細い眼で松本を睨みつけながら、ドスのきいたガラガラ声でいった。

「おおやけの席上で問題にされたのは、よくおぼえておく」

松本の追及から解放されたあと、田中角栄は、盟友の大平正芳《おおひらまさよし》の顔を見るなり、嘆いた。

「共産党の松本善明に、こっぴどくやられたよ。もう嫌になった。あとは、きみがやってくれ」

松本らは、それほど田中角栄を追いつめたのであった。

松本のタブー破りを機に、ルポライターの立花隆《たちばなたかし》が月刊『文藝春秋』で田中金脈問題を徹底的に暴き、田中は一気に退陣に追い込まれていく……。

民主主義を厳格なまでに守ろうとするために、松本は容赦をしなかった。

田中金脈とスキャンダルを追及したこの年から、松本は国対委員長に就任し、昭和六二年七月まで通算一三年もの長きにわたって務めた。

松本善明は初当選以来、一一期連続当選をつづけた。当選前から、そして当選後も松本は「議会闘争を通じて幅広い国民の支持を得られる党」を目指し、民主的な方法で政権を奪取する道を探って来た。多くの国民の支持を得て、民主的な選挙を通じて政権の座につく。政権党になっても、選挙で敗れれば、いさぎよく退陣する。それが松本ら日本共産党の考え方だった。

松本は、現在は弁護士として活躍しながら、日本共産党名誉役員、財団法人いわさきちひろ記念事業団の副理事長職を務めている。

## 市田忠義の戦後

日本共産党中央委員会副委員長の市田忠義は、昭和一七年一二月二八日、大阪府で生まれた。

市田は八人兄弟の七番目だが、そのうち四人は戦争時代の生活難で亡くなった。一番上の姉は、終戦から半年後に肺結核に罹《かか》り一八歳で、二番目の姉は、終戦の半年前に栄養失調で、二人の兄は、生まれて間もなく栄養失調で亡くなった。

戦時中、まだ三歳にも満たなかった市田には、空襲で家が焼かれたため防空壕の中で豆ご飯を食べていたという記憶がかすかに残っている。

父親は大阪で縫製工場を経営していたが、市田が一〇歳のときに死んだ。

その後、八歳のときに滋賀県の五個荘町《ごかしょうちょう》（現・東近江市）に移った母が幼稚園の用務員として市田、弟の三人で住み込みとして働き、女手一つで苦労しながら育ててくれた。姉と兄も母を助け、弟たちの面倒をよくみてくれた。

六つ上の兄は、昭和二四年に福島県の日本国有鉄道（国鉄）東北本線で起きた列車往来妨害事件、いわゆる「松川事件」に関心を持っていた。市田が中学生くらいのころに「こういう謀略事件があった。これを読んだらいい」といって『松川詩集』を手渡してくれたことがある。

市田は、その兄が通った滋賀県立八日市高校に進学した。卒業生には、内閣官房長官、蔵相、滋賀県知事を務めた武村正義《たけむらまさよし》がいる。

武村には、高校時代は共産党員で、その後、党員を辞めたという話もある。また、武村は「革新統一」社共などの支持で滋賀県知事に当選し、当時は革新知事として有名だったが、その後、革新の立場から離れた。

八日市高校は、伝統的に自由な気質の校風があり、教師たちにも良心的な人が多かった。特に、市田に大きな影響を与えた教師が二人いた。

一人は、国語の担任で、近代文学の研究家・川端俊英同朋大名誉教授である。川端は、島崎藤村の研究家として知られ、『「破戒」の読み方』『近代文学にみる人権感覚』『人権からみた文学の世界』（明治篇、大正篇）などの主書がある。

もう一人は、三年の担任で、数学教師の田中孝である。田中は金沢大学出身で、ショートホームルームのときに一〇分間おこなう時事講話が特徴的で、市田の心を摑んだ。

印象に残っている言葉がある。

「クラシックは、生で聞け。レコードで聞いても、全然味わいがないぞ」

それ以外にも、当時、野球しかメジャーなスポーツがなかった時代に、「ラグビーって面白いんだ。ボールを自分より後ろにしか投げられないんだ。後ろに投げて前に進む。弁証法的で面白い」という話をすることもあった。

そして、市田の心に強烈に響いたのが原爆の話だった。

「広島に落とされた爆弾は特殊爆弾といわれているが、あれは原爆なんだ。日本にも、それを見抜いた坂田昌一や武谷三男という原子物理学者がいるんだ」

この二人の教師の姿を見て、市田はいつしか教師に憧れるようになっていた。

「教師っていいな。教えるとは、ともに未来を語ることなんだな」

八人兄弟のうち四人を亡くしている市田にとって、自分の兄姉たちは戦争のせいで死んだんだ、という自覚が強かった。

そこに、昭和三四年から昭和三五年にかけて安保闘争が起こる。市田が高校三年生のときである。

市田にとってみれば、「改定」日米安全保障条約とは、アメリカ軍による日本の半占領と侵略基地化をそのままにした上、日米共同作戦義務と経済面での対米協力を日本に義務付けるものであった。これに反対する国民的闘いは、空前の規模で広がっていた。

生徒会の役員をやっていた市田は、提案した。

「安保条約の改定に対する抗議集会をやろう」

そんな市田に、教員たちから声がかかった。

「抗議集会はダメだが、名前を研究集会にするというのなら、許してやる」

市田は、名を捨てて実を取り、研究集会を開くことにした。集会には四〇〇人ほどの学生が集まった。全校生徒が千数百人ほどなので、三分の一が参加したことになる。

集会が開かれている講堂の後ろの方には、教師たちが立って見守っていた。なかには、市田らの行動に同調している教師もいたが、監視するために来ている教師もいた。

幼いころからの生活環境や兄姉四人を亡くしてしまったこと、また尊敬する教師たちの影響もあり、市田の心には、「戦争ごめん、貧乏ごめん」という思いが強く根付いていた。

高校を卒業した市田は、大阪本町の繊維商社「稲西株式会社」に就職した。大阪の本町は、滋賀県出身の近江商人が中心となった繊維街だ。このとき、市田には大学へ進学するという考えなどまったくなかった。苦労して育ててくれた母親の姿を見ていると、高校を卒業したら就職するのが当たり前だった。

ところが、就職して二年ほど経ったころ、市田は悶々とするようになる。

〈労働組合もなければ、待遇も悪い〉

高校時代に発揮していた正義感と行動力が、沸々とわいてくる感じがあった。

〈自分はこのまま一生、女性の服地を指に触りながら商売していくのだろうか。これでいいのか〉

高校生のころに抱いた夢が、思い出された。

〈自分は、学校の教師になりたかったんじゃないか〉

悩んだ市田は、繊維商社を二年で辞め、教師になることを目指した。

〈教師になるためには、大学に行かないといけない。けど、金はないしな……〉

市田は、関西で授業料が一番安い大学を探した。それが、立命館大学の二部だった。

〈夜学部なら、昼間は働ける。それに、あの戦前の暗黒の時代に、滝川事件（京大事件）で堂々と節をまっとうした憧れの末川博《すえかわひろし》が総長の大学だ〉

末川は、日本の著名な民法学者であり、専門外の本も発表していた。当然いろいろ読んでいた。

滝川事件は、京都帝国大学法学部の滝川幸辰《たきがわゆきとし》教授が、「赤化教授」として休職処分を受けた。その強行処分に対し、京大法学部は、教授三一名から副手に至るまで全教官が辞表を提出して抗議の意志を示す、という思想弾圧事件であった。

末川は、その際、堂々と反旗を翻して、京都帝国大学を依願免官し、恒藤恭《つねとうきょう》とともに大阪商科大学（現・大阪市立大学）専任講師となった人である。

市田は、そうした進歩的で良心的な人物が総長という立命館大学に魅力を感じ、末川総長の言葉である「未来を信じ 未来に生きる」に惹かれていった。

市田は、こうして立命館大学法学部の夜間部である二部法律学科に進学した。昼は法律事務所でアルバイトとして働くようになった。

大阪の職場から京阪電車で夕方、京都の大学に向かう、多忙で苦しい生活を送っていた市田の周辺では、学費値上げ反対闘争や日韓条約批准阻止闘争が展開されていた。

立命館大学は民青や共産党が活発な大学であり、市田も参加を促されるようになった。

当時の市田の頭では、大学に入って、まともに世の中を変えていくためにはどうすればいいかを考えると、民青に入ることには抵抗感がなく、すんなりと入ることができた。

その後、自然に自分の貧乏で苦労した生い立ちや高校時代の活動を思い出すと同時にさまざまなことが重なり合って、一年生の一二月に共産党に入党する。

この入学してから共産党員になるまで八カ月の時間を要したのには、それなりの理由があった。

〈学生時代の本来の仕事は勉強だ。もし、共産党に入るなら卒業してからだ〉

しかし、互いに頑張っている党員の姿を見ながら、自分も一人前の労働者であることに気づき、共産党へ入党することを決意した。

入党してからの市田は、学費値上げ反対運動に情熱を傾けた。

〈学費が上がれば、勤労学生はもう学校へ行けなくなる。学費問題は、国庫補助増額を勝ち取る運動をすすめ、政府の文教政策と闘うことが真の解決方法だ〉

## 自分の生きる道

昭和四二年三月、市田は立命館大学を卒業した。このとき、京都、滋賀、岡山の教員採用試験を受けたがすべて落ち、教員になる夢をあきらめた。

その頃、市田は、アルバイトをしていた法律事務所を辞め、大学の学友の紹介で、龍谷大学図書館で働いていた。

「図書館に人がいないという。アルバイトなら雇うといってるから、どうだ」

アルバイトの採用試験を受けに行ったところ、即採用が決まった。

龍谷大学は、浄土真宗の本願寺系の大学ということもあり、職員は朝八時半に講堂に集まって読経をすることが決まりとなっている。お経を読んだり数珠を持ったこともない市田だったが、みんなに溶け込む必要があると思い、まずはお経の本を買った。そして、一度も遅刻せず、誰よりも真面目に勤行に参加した。こうして、真面目に仕事をしていくうちに、市田は半年ほどでアルバイトから正式採用となった。

また、図書館という職場環境から司書の講習を受講させてくれたおかげで司書の資格を取り働くようになった。それがおもしろく、一生、図書館で働いてもいいと思うようになるほど充実していた。

そんなとき、職場が異動になった。龍谷大学の文学部図書館は下京区にあったが、経済学部、経営学部、法学部が次々と開設され、それにともなってキャンパスが伏見区にできることになり、市田も伏見へ変わることになったのである。

龍谷大学図書館の職員全体の中で、共産党員は市田ただ一人だった。

職員たちは僧侶出身の人たちが多く、言わば、浄土真宗開祖の親鸞《しんらん》聖人のお膝もとで働かせていただいているのだからということで、賃金が安かろうがどうだろうが、文句は言わない。職員と用務員との間では、給料の差がこれほどあるのはおかしいと思っても、それを口に出すことをしない。

そこで、市田が率先して「労働組合をつくろう」と働きかけたのである。市田の図書館での真面目な仕事ぶりは周囲からも評価されており、人望も厚かったことが功を奏し、職員や各学部の先生たちと相談して教職員組合をつくることが決まった。

市田は青年部の初代部長に就任し、その後、組合全体の書記長にもなった。

そんな市田の活動が、伏見地区の共産党責任者の目に留まった。

市田は、誘われた。

「専従職員にならないか。狭い龍谷大学だけではなく、もっと広い視野に立って社会を変える先頭に立て」

声をかけられたことは嬉しかった。

が、市田は悩んだ。

〈専従になると、給料は今の三分の一に下がってしまう。どうしようか……〉

大学の月給は六万円くらいもらっていた。この三分の一だから二万円になってしまう。市田は立命館大学時代に知り合い共産党員だった経済学部の女性と、二五歳で結婚していた。子どもはまだいなかった。

妻に相談したところ、共産党員らしい答えが返ってきた。

「自分の生きる道は、自分で選んでください」

昭和四六年、市田は共産党の専従職員への道を選択した。二八歳のときだった。

社会の発展法則と恋愛の発展法則には関連はあるが、イコールではない。もちろん、「家事は女性がするもの」だとか「妻は夫にすべて従え」というような考えは共産党にはない。

ただ、市田が専従職員になれば帰りが遅くなる。そのため、妻のほうが早く帰宅できるときは家庭のことを多くやるというように、自然に助け合うことにした。機械的平等主義はよくないということだ。

しかし、そんな風にしていたものの、子どもが病気になったときだけは、どちらが休むかということで喧嘩をよくした。

家庭では、マルクスや戦争だ平和だという話だけではなく、星を見れば「きれいだね」、花を見れば「きれいだね」という会話を楽しんだし、市田もそうあるべきだと思った。

四六時中、国際情勢を語り合っているというような夫婦はあり得ない。

市田は専従になって二、三年過ぎたころに伏見地区の地区委員長を任されるようになった。

伏見地区の責任者を九年ほどやった市田は、昭和六三年には日本共産党京都府委員会委員長になり、平成六年には党中央委員会常任幹部会委員に選任される。

「中央で仕事をしないか」

本部に移ったのは五五歳のころだった。

市田は、党本部勤務になった翌日、当時、書記局長であった志位和夫に呼び出された。

「市田さん、次の参院選に出馬しないか」

突然の出馬要請に、市田は頭が真っ白になった。国会議員になることなど考えもしなかった。

市田は、性格は内向きで、党務的な仕事に満足していた。対外的に話したりすることは苦手だ。

高校三年までは、仲間に「物を言わない石の地蔵さん」と呼ばれるくらい、本当に必要なこと以外は言わない少年であった。

　のちに市田が国会議員になったということを知った同級生たちは、みな驚いた。

「えっ……、あの市田が国会議員だと！　ほとんど黙してしゃべらず、シャイで恥ずかしがり屋の市田が、人前で演説するなんて信じられない」

　同窓会に出席した際に、市田が歌をうたっただけでも驚かれるほどだったのである。

　志位に出馬を要請された市田は、相当悩んだ。

「演説したり、国会で質問したりするなんて、得意ではありません」

　そういう市田に、志位はこう言った。

「誰だって、最初は、そうでしょう」

　市田は、一日考えた。

　妻にも相談した。が、専従職員になるかならないかで悩んだときと同じ返事だった。

「自分で決めることです」

　悩みに悩んだあげく、市田は決意した。

〈ぼくで役に立つのなら、出馬しよう〉

　平成一〇年の第一八回参議院議員通常選挙に、市田は日本共産党公認で比例区から出馬した。

最初は、さすがに不安だった。演説に対する苦手意識が強かった。

しかし、その苦手意識が、あっという間に変わる。

演説会の終わりになると、必ず握手をしながら参加者たちが声をかけてくれる。

「元気をもらいました」

「勇気をもらいました」

そう言われると、候補者冥利に尽きる。選挙運動は確かに辛いが、それでも楽しい。

市田は、自分なりに考えた。

〈ぼくには不破（哲三）さんのような演説はできない、志位さんのような演説もできない。しかし、不破流、志位流があるように、市田流があってもいいだろう〉

不破は論理の人だ。演説した内容を、そのまま原稿に起こしても論文になるような精緻な組み立てがされている上に、わかりやすい。しかも、情がある。

志位も論理的ではあるが、それにプラスしてユーモアがある。笑いを交えるので親しみやすい。

そこで、市田は大阪人的な関西訛りのままの演説を心掛けた。訛りがあると、かえって相手が聴きやすいらしい。それに加え、高校を卒業して就職し、働きながら大学に通ってここまで来たという市田独特の下積み時代の苦労も活きる。

それが伏見の地区委員長という地方機関の経験であり、繊維商社や龍谷大学図書館で従業員・

職員として働いてきた経験である。

市田は、労働者として味わってきた生身の経験を活かすことだと割り切った。

その結果、市田はみごと、初当選を果たした。

宮本顕治に、市田忠義は会ったことがある。

宮本が議長だったころに、市田は常任幹部会委員になった。京都府委員長のときにも中央委員会の場で姿を見ることがあったが、遠くから見ていてもわかるほど威厳があり、ものを言わずとも独特の風格が漂っていた。

〈やっぱり、獄中で一二年……、人生の風雪に耐えた人だけあるな〉

しかし、威厳だけではなかった。そうありながらも、こまやかな気配りをする人だったことが、市田の印象に深く残っている。

## 京都という政治風土

京都府は、共産党員の数で日本一だと言われている。

共産党は、四〇万人前後で推移していた党員数だったが、党費未納などの九万人を超す「実態のない党員」を整理し、離党の措置を取った結果、平成二四年五月一日現在で約三一万八〇〇〇人に減少したと明かした。

その結果、京都の党員は、一万八〇〇〇人ほどで人口比では日本で一番多いと言われている。機関紙「しんぶん赤旗」の有権者比率も日本一だ。

また、共産党の国会議員が公職追放された時代を除いて、京都区において党所属の国会議員が途切れたことはない。

衆議院では、谷口善太郎、寺前巌、梅田勝、藤原ひろ子、穀田恵二と続き、参議院では、河田賢治、神谷信之助、佐藤昭夫、西山登紀子と続いていたが、一時期途切れてしまった。だが、平成二五年七月の参院選で倉林明子が当選し、京都府選挙区で一五年振りに議席を獲得した。

倉林は、京都府議会議員を一期やり、続いて、京都市会議員を五期務めた後に参院選に出馬し初当選を果たした。

一一年間におよぶ看護師生活の間、京都民主医療機関労働組合西支部書記長、京都医療労働組合連合会執行委員を務めるなど、労働運動にも深く携わった。平成一四年からは、日本共産党京都市会議員団幹事長に就任している。ちなみに、京都市会議員団は自民党の次に人数が多く、現在一四名。全国でも一番大きい市会議員団である。

市田は、倉林のことを京都市の当局者に聞いたことがある。

「たくさんの市会議員を見ているが、倉林さんの質問が一番痛いところを突いていて、鋭い。かつ、庶民的で偉ぶったところがなく、かわいいところもある。語る言葉もあまり公式的なものではなく、庶民の、自分の言葉でしゃべる人だ」

もともとは、京都は二名区で自共指定席論があった選挙区だった。ところが、自民党と民主党の「二大政党」対決が喧伝される中で、共産党は一五年もの間、議席を失っていたのである。

京都は、自公連立政権の中で、公明党が候補者を立てないことになっている。

今回の参院選で、公明党は表向き自民党を推薦していた。が、黙っていれば、自民党と共産党が当選しそうだということで、公明党の票が民主党へ流れていた。そのことは、出口調査の結果からも明らかで、公明党支持者の多くが、自民党より民主党へ投票していた。「共産党は勝たせない」という気持ちがそうさせていた。

それでも、参院選で共産党候補者が勝てたのは、そうしたことを京都の幹部たちが見抜いていたからだ。

「公明党の票が民主に流れても勝てるだけの努力をしよう」

相手側は共産党締め出しシフトを敷いたが、共産党はそれを乗り越えた。

選挙期間中、山田啓二京都府知事や門川大作京都市長が演説に立ち、共産党を攻撃したことも共産党の勝利に貢献した。

「共産党が通ったら、京都の恥」

この演説に対し、京都市民は怒った。

〈市長たる者が何なんだ。共産党を出したら恥だと。公明党はどうも共産党を落とすために民主党につきそうだ。なんて酷い政党なんだ〉

そんな思いが生まれ、逆に作用したのである。

結果、無党派層がかなり共産党に投票した。

市田は、この動きを知り思った。

〈政治のダイナミズムだ。おもしろい。共産党が強いから抑えてやろうというシフトが、裏目に出たんだ。なんたる浅知恵か……〉

七人が立候補した京都選挙区（改選数二）の二議席目は大接戦だった。事前の世論調査では、共産党の倉林が一ポイント差で負けていたが、それを追い上げての勝利だった。

市田は、心からうれしかった。

参院選投開票日、市田は志位らといっしょに東京の共産党本部で冷や冷やしながら開票結果を待っていた。

事前の世論調査では、東京と大阪での議席獲得はほぼ確実だろうということだった。東京は三〇歳の吉良よし子で人気があるという。大阪は三六歳の辰巳孝太郎。特別にキャリアがあるわけではない。そう甘いものではないと思っていたが、世論調査での支持率は高かった。
問題は、京都だ。議席数二のうちの一議席は自民現職の西田昌司は確定だ。残り一つの議席を巡って、共産党の倉林と民主新人の北神圭朗、維新新人の山内成介との三つ巴となる激戦となった。

正直、市田は思っていた。

〈かなりキツイな……〉

京都でのデッドヒートを共産党が制したことに、市田はビックリしていた。

しかし、それよりもっと驚いたのは、比例で五議席を獲得したことだった。

〈選挙区は、一か二だろう。比例もうまくいって四議席だろうな〉

内心、そう思っていた市田にとって、比例で五議席、選挙区で三議席獲得できたことは、実力以上の予想外の出来事だった。

想像以上の出来栄えに、市田は感慨にふけった。

〈二大政党づくりに苦しめられてきた。けれども、苦節一五年、やっぱり道理は必ず勝つ。真理は必ず多数派になる。その確信をもって、たゆまず、ぶれずに、筋を通して頑張ってきた。これが国民の心をとらえたんだ〉

共産党支持者の中からは、次のような声を聞かされていたことを思い出した。

「共産党は良いことを言うけれども、いくら票を入れても、議席に結びつかないじゃないか」

共産党を支持しながらも、いままで投票に行かなかった人や民主党に入れていた人たちが、ようやく思い直してくれたのだ。

「やっぱり、考えてみたら共産党だな」

それまでには時間がかかったが、ぶれずに頑張ってきた結果が、今回の参議院選挙の結果につながったのだ。


市田が、共産党がぶれることなく今日までやってくることができた理由は、きちんとした綱領を持っていたことにあると思っている。そして、他の党にはない一番の強みこそ、党組織が草の根でどの党よりも強く、大きいことだ。政党助成金をもらわずに自前の財政に立脚して頑張る。

共産党が京都で選挙に強いことには、しっかりとした裏付けがある。

住民の要求を取り上げた住民運動をどの分野においても徹底的にやり、その際に、共産党の強化と住民運動が車の両輪となって国民の要求を実現させようとするからだ。

たとえば、医療分野なら民主的な医療組織として全日本民主医療機関連合（民医連）があるが、これも京都は大きな存在となっている。そのほかにも、自営業者たちが集まる民主商工会（民商）が組織されているが、これも京都が比較的強く、ほかには教職員に占める共産党員の割合も京都は多い。

そのほか、京都府庁や京都市役所だけではなく、農村部など地方の役場の職員たちにも党員が割と多いのだ。特に田舎に行けば行くほど、役場の職員はその土地の名士である。そういう人たちが共産党を応援すれば影響力も大きい。

そういった活動が絡み合い、シンフォニーのように広まって、共産党が強くなった。これは、偶然の産物でもなければ、地理的、政治的要件でもない。それよりも、先輩たちの努力の賜物であり、同じような活動をすれば京都以外の場所でも可能だと市田は見ている。

要は、職場や地域の中でどれだけ深く根を張った党をつくれるかだ。

ただし、自民党対共産党の対立構造が、より共産党を強くした可能性もある。

大都市のなかで、自民党の支持率が一番高いのも京都だ。京都選出の自民党議員には、前尾繁《まえおしげ》三郎《さぶろう》、野中広務《のなかひろむ》などのほかに、現役では谷垣禎一《たにがきさだかず》、伊吹文明《いぶきぶんめい》などがいる。昔からの自共対決が、自民党も強ければ共産党も強いという風土をつくり上げる要素になったのかもしれない。

## 政党助成金を拒否する理由

市田忠義は、演説会や集いの会の場で必ず話すことがある。

「わたしたちが苦しい生活をしているのに、演説会に行ったら、必ず『カンパをお願いします』と言われる。そんなお願いごとを言うのなら、『きれいごとを言わずに、政党助成金くらい貰ったらいい』という声が、必ずアンケート用紙で数人からいただきます。今日は、そのことについてお話ししたい」

政党助成金についての話だ。

市田は、こう続ける。

「その気持ちは痛いほどわかる。企業献金、これは賄賂性を帯びていますよね。かたや、政党助成金。これは税金なんですけど、日本共産党までが、福祉や教育や医療に使うべき貴重な税金で党を運営するようになってしまったら、共産党は共産党でなくなります。やっぱり、党費と機関紙代と個人個人からの貴重なカンパによって自前の財政を確立して、これによって党の運営や活動をやることこそが、あくまでも国民に立脚して頑張れるゆえんなんです」

原理的にいえば、政党助成金は税金であり、赤ちゃんからお年寄りまでから年間二五〇円をいただいている。だが、この預かった税金は、その人が支持しない政党にも配られることになる。

日本共産党は「思想良心の自由に反し、憲法違反である」「税金の無駄遣いである」「企業団体献金禁止を名目に助成制度を作ったにもかかわらず、現在も企業団体献金を残しているのは有権者への裏切り」として政党助成制度に反対し、廃止を主張している。そして、現在は予算を伴う提案権が共産党にはないため、いずれ力をつけた後に「政党助成金廃止法案」を提出したいとも考えている。

ただし、共産党が助成金受け取り団体に登録していない理由はそれだけではない。

長い目でみれば、企業献金や政党助成金をもらうようになれば、個人献金が集まらなくなることが明白だからだ。個人献金は、純粋に共産党を支持する人たちからのカンパである。

市田は言う。

「民主党がある討論会で『本来なら個人献金が望ましいけど、日本には政党に個人が献金する仕組み、文化がない。個人献金の習慣が根付くまでは、必要悪として企業献金、政党助成金でいこう』と言うのです。そこで、調べてみたところ、民主党中央の平成一七年の個人献金は二万七〇〇〇円。共産党は中央・地方合わせると一〇一億円。まったく個人献金をする習慣がないのではなくて、民主党に魅力的な政策がないからなんです」

そして、こんなふうに皮肉る。

「自民党も民主党も右手で企業献金をもらって、左手で政党助成金を受け取っていたら、個人献金をもらう手がもうない。共産党は両手が空いています」

政党助成金や企業献金漬けになっているところに、個人が献金しようだなんて人間は思うはずがないのだ。

## 京都左翼の系譜

京都は共産党が強いとよく言われているが、市田忠義は「京都だから」ということは、後付けでしかないと思っている。

一般的に言われているのは、反権力・反中央の風土である。昔は京都に都があったがその都が東京に移ったことで、東京に対する反骨精神がそうさせているような気がする。「天皇陛下は東京に仮住まいしている」かのように言うのが京都人気質であり、長年、日本の都を担ってきたことから中央政府の思い通りには動かない、というプライドがそうさせているのかも知れない。

そして、京都に伝わる自由民権運動、労働組合運動、農民運動、社会主義運動などの豊富な進歩と民主主義との伝統を受け継いだ先覚者たちのおかげもある。経済学者・思想家の河上肇《かわかみはじめ》、民法学者の末川博、経済学者・統計学者でその後に京都府知事になる蜷川虎三《にながわとらぞう》などを見ると、京都にはリベラルの血が流れ、気風があることがわかる。

京都における共産党の歴史を見ても、大正一一年の党設立時に、京都府与謝郡出身の河田賢治(東京で入党)、京都で清水焼の労働をしながら労働運動に従事していた谷口善太郎、京都・西陣が生んだ国領五一郎らが参加し、河田と谷口は戦後に共産党の国会議員になっている。また、昭和三年の第一回普通選挙で京都では労働農民党から一区で水谷長三郎、二区から山本宣治が当選している。

よく、共産党推薦で当選し、昭和二五年から四五年に及ぶ七期二八年間もの長き間、京都府知事の座にあった蜷川虎三の影響力が話題となる。だが、蜷川が、初代の中小企業庁長官となったものの吉田茂《よしだしげる》首相と中小企業政策を巡って対立して辞任し、京都府知事になったのは、昭和二五年四月で朝鮮戦争直前のことである。

戦後も伝統は守られたのだ。

反骨精神でいえば、日本のノーベル賞受賞者は京大が多い。また哲学者の鶴見俊輔《つるみしゅんすけ》も京都だ。市田は、京都出身ではなく、元々は滋賀県出身だが、京都に住み、いっしょに活動するようになったことで感じていた。

〈そういえば、京都には共産党の伝統が巡っているな〉

蜷川が京都府知事をやり、河上肇が京大で頑張ったことが誇りに思えた。

蜷川知事時代、市田はまだ京都の責任者ではなかったため、直接二人で会うことは叶わなかった。それでも、演説は何度も聞いた。

蜷川は名演説家だった。演説では難しいことをやさしく語り、ユーモアも満載だった。そのいっぽうで、ヤジには鋭く一喝する。本当に尊敬できる人物だった。

評論家大宅壮一の『京都左翼の系譜』によると、これまで〝京都左翼〟の原動力となり、今もこれを動かしているものは、生えぬきの京都人でなくて、実は山口県人だというのだ。

明治の初め、京都を近代化する上に大きな役割を果した槇村正直《まきむらまさなお》知事は山口県人であるが、京都がマルクス経済学の本山と見られるようになったのは、河上肇が京大に迎えられて、『社会問題研究』という個人雑誌を出しはじめてからである。

河上は、マルクス教の聖人、法主とも言うべきで、その布教に貢献した点では、日本で彼の右に出るものはない。

ところで、この河上も、山口県岩国市の産である。〝京都左翼〟を動かしていたものの大部分は、彼の弟子もしくは孫弟子にあたる。河上と同時代人で、当時の代表的な進歩的教授河田嗣郎《かわだしろう》も山口県人である。

関西における学界左翼の大御所として君臨した末川博立命館大学総長をはじめ、末川の両腕となって、水戸黄門における助さん、格さんのごとく活躍している奈良本辰也、前芝確三の両氏も山口県人である。

〝立命史学〟を牛耳っている奈良本辰也は学生部長として末川の支配人格で、末川直伝の政治性を大いに発揮しているが、これまた山口県大島郡の産だ。

そのほかにも、立命館大学では、山口県出身者で、要所を固めていた。

彼らによって京都の左翼的な教授や学生が動かされ、大いに暴れまわっている姿は、元治元年（一八六四年）七月一九日に京都で起こった禁門の変の再現だとも見られないことはないという。当時、長州藩は急進的な公卿と組んで天皇奪取のクーデターを計画して大失敗したのだが、公武合体になびいた薩摩藩は、社会党右派のような日和見《ひよりみ》主義で、〝決定的瞬間〟に〝裏切り〟をしたのである。

戦時中に、立命館大学では率先して〝禁衛隊〟なるものを組織し、忠勤をぬきんでたのであるが、これは別に不思議ではない。現状を裏返しにしたまでで、精神構成の基本的性格において変りはないのだ。

京大と立命館は初めから兄弟のような関係にあった、というよりも一種のトンネル会社であった。京大教授陣の多くは立命大講師を兼ね、いわばアルバイトの場となっていた。停年後や、何か事件があって京大を退いたり、追われたりしたときの避難所であり、疎開先であり、植民地でもあった。

したがって、戦前、立命館が滝川事件で追われた京大教授を大量に迎え、その一人である末川博を総長にして〝京都左翼〟のトップに立っていることは、決して偶然ではないという。

こういった点で、同じ官立の地方大学でも、京大は東北大や九大とは、その出発点も性格もすっかり違っている。東大は文字通りの官学で、官僚の養成所であり政府に仕える人物をつくってきたのに反し、京大はその対立物という思想が多分に入っているのである。この反官僚、反政府の思想が、後には反資本主義、反天皇、反米にまで発展していったという。

新島襄の創立した同志社も、一時はさながらキリスト教の本山のごとく見られていたが、立命館大学とともに、左翼学者や学生の本山と化していた。

かれこれ二〇あまりもある京都の大学の中で、左翼的な教授、学生の多いのは、立命館、同志社、京大の順となっている。数の上では五、三、三の割合だが、左翼的オクタン価において九〇点、八〇点、七〇点というふうに採点されている。

かくて立命館学長の末川博は、京都ばかりでなく、全関西における進歩的陣営の大御所であり、総指揮官ということになる。事実、学長としての彼の地位はゆるぎなく、末川あっての立命館で、〝終身学長〟と見られていた。立命館では、末川を名誉総長として顕彰している。

第三章

# 戦後世代と日本共産党

## 穀田恵二と立命館

日本共産党の国会対策委員長を務める穀田恵二《こくたけいじ》は、小沢一郎の地盤である岩手県水沢市（現・奥州市）で昭和二二年一月一一日に生まれた。幼稚園は水沢市、小学一年までの二年間はＮＨＫ連続テレビ小説『あまちゃん』の舞台となった久慈市、二年から四年は東日本大震災で壊滅的被害を受けた陸前高田市、五年は一関市、六年からは盛岡市と、岩手県内を転々とした。

小沢一郎の父、佐重喜《さえき》は旧岩手二区から出馬し、同じ自民党の椎名悦三郎《しいなえつさぶろう》とも争った。穀田の祖父は、自民党の市会議員で、椎名派だった。

穀田の父は、予科練（海軍飛行予科練習生）を経て、太平洋戦争中、海軍で夜間戦闘機「月光」の飛行機乗りであった。そして終戦後、日本共産党に入党した。やがて岩手県最大の地方銀行である岩手銀行に入行し、地銀連（全国地方銀行従業員組合連合会）が強かった一九六〇年代、その労働組合で役員を務めた。

家庭では穀田が幼少の頃から、日本共産党中央委員会の発行する機関紙「赤旗」を購読していた。穀田は小学校六年生くらいからそれを読み、クロスワードパズルに応募して、時折、プレゼントのボールペンなどをもらった。

高校は、旧制中学時代に詩人の石川啄木や童話作家の宮沢賢治を輩出した岩手の名門、県立盛岡第一高校に進学した。

父は岩手銀行での労働組合運動と絡めて、銀行関係者や盛岡赤十字病院、岩手医科大学附属病院などで働く若い人たちとの学習会を開いた。学習会とは、いまでいう勉強会である。

穀田もそれに参加した。穀田は当時「赤旗」を読んでいたから、少しは政治がわかると増長していた。

「こんなことが、わからないのですか」

と、したり顔で発言してしまった。父は一喝した。「労働の現場を知らぬ者がわかったような口をきくな」

その後、父は言った。

「現場の労働者というのは、どれほど大変か」

しかも、共産党に接触したりすれば、まわりから差別を受ける。それを承知で学習会に参加してきている。職場での諸問題や政治、社会全体を泥くさくみなで学び交流している。

事実、父の銀行の労働組合内で分裂騒動があり、ストライキ闘争をおこなっていた。

「だから政治や経済の仕組みと土台をじっくり勉強する必要がある」

父は三冊の本を渡した。

穀田は本を受け取った。それはカール・マルクス著の『賃労働と資本』、徳永直著の『太陽のない街』、小林多喜二著の『蟹工船』の三冊だった。フリードリヒ・エンゲルスとともに科学的社会主義を打ち立てたマルクスの著書とプロレタリア文学の代表作である。

その日の夜から、穀田はこれらの本を読み耽った。そして、じっくり腰を据えて、労働者の視点に自ら身を置くということの大切さを思い知った。それは、父から子への間接的なメッセージでもあった。

昭和四〇年四月、穀田は京都の立命館大学文学部に入学した。

立命館大学は戦前、「禁衛立命」とも呼ばれた。京都御所の警護は、学生服とゲートルに身を包んだ立命館の学生の手によっておこなわれていたほどだ。

ところが戦後、末川博を迎え、総長に据えて、「平和と民主主義」を教学理念に据えた学校へと変化を遂げる。

末川はかつて京都帝国大学で教授を務めていたが、滝川事件で追放された人物だ。滝川事件とは、京都帝国大学教授の滝川幸辰が中央大学でおこなった講演をもとに、復古主義的右翼と国会議員による非難を発端として京都帝国大学に対しておこなった思想弾圧事件である。

末川は昭和二八年、戦没学生の悲痛な戦争体験を後の世に伝えようと制作された本郷新作の

「わだつみ像」の受け入れを決定した。東京大学に建立を申し出ていたが、大学当局が拒否をしたため、宙に浮いていた。それを立命館大学が引き取った形だ。

わだつみ像が立命館大学に到着した一一月一一日、歓迎集会に合流しようとした京都大学の学生デモ隊が荒神橋上で京都市警により鴨川に転落させられるという「荒神橋事件」も起きている。太平洋戦争の開戦日である一二月八日、わだつみ像建立の除幕式がおこなわれた。以来、立命館大学では「不戦のつどい」と呼ばれる集会が開催されている。

学生たちがわだつみ像を迎え、民主化運動が高揚していく気配が感じられた。穀田が立命館に進んだのは、その発端をつくった末川に憧れた友人が誘ったからである。

それに加えて入学の前年、原水爆禁止世界大会が京都であり、父と母と参加した。立命館大学が会場の一つになった。

立命館は、学生運動のセクトがもっとも多様な大学であった。フロント（統一社会主義同盟）、革共同・革マル派（日本革命的共産主義者同盟・革命的マルクス主義派）、中核派（革命的共産主義者同盟全国委員会）、四トロ（日本革命的共産主義者同盟・第四インターナショナル日本支部）、ブント（共産主義者同盟）、民青（日本民主青年同盟）などが揃う。文学部の学生大会になれば、六つも七つも議案書が出された。

穀田は、入学翌月の五月、民青に加入した。選んだ理由は、シンパシーを感じたからである。

〈他のセクトの人たちは、地に足がついていない。泥臭くやる、という感じじゃない。民青こそ一途さがある〉

ちなみに、日本共産党に入党したのは、この年の一二月のことである。

それと並行して、末川が主宰する学生平和委員会にも加入した。穀田は一二月八日の「不戦の集い」には、この委員会のもとに積極的に活動した。

「不戦の集い」の取り組みで、今でいうパネル展・学習講演会・映画会等をおこなった。色紙を書いてもらい、即売して、活動資金に充てた。清水寺貫主の大西良慶、京都府知事の蜷川虎三、立命館総長、同志社大総長の住谷悦治、同志社大学長の田畑忍の各氏が快く応じてくれた。清水焼の協同組合も茶碗などを提供してくれた。

立命館大学は、他の大学に先駆けて地方入試を開始している。だから地方出身の学生が多い。そして民青が大きな勢力をつくったこともあり、のちに共産党の地方議員になった友人が少なくない。

穀田は全学自治会（立命館大学一部学友会）にいて、学校当局や大学生協、大学院生、教職員組合などが揃う会合に参加した。深夜に教授会を開くということで、乗り込んで行ったこともある。

やがて昭和四三年の暮れから四四年にかけて学園紛争に入っていき、「わだつみ像破壊事件」

が発生する。一セクトではなく、革マル派、中核派、全共闘（全学共闘会議）、その他の仕業だったという。

全共闘が全国を席巻した。そして東京大学などでは、入試が中止された。

穀田は、憤りを感じた。

〈大学解体と称しながら、やっていることはデタラメじゃないか。自分たちはこっそり単位取得のため試験を受けながら、『入試粉砕』を掲げるとは、言語道断だ〉

立命館大学では、学生大会で物事が決められる。穀田らは、昭和四四年一月から二月にかけて劣勢に立たされた。しかし、二月から三月にかけて盛り返していく。学生運動において、全共闘の席巻を乗り越え、学園を正常化した数少ない大学である。

同年九月、穀田は立命館大学文学部を卒業した。日本文学を専攻していたが、小林多喜二らのプロレタリア文学を中心に学んでいたわけではない。卒論は短期間で書けるという理由から児童文学を選び、わずか三日間で書き上げた。ただ九月卒業のため、卒論の口頭試問の一時間は大変だったと述懐している。

## 専従でやったらどうだ

穀田は卒業後、学校法人立命館に職員として就職した。

ある日、共産党関係者からこう言われた。

「専従でやったらどうだ」

そして穀田は学校職員を二年で辞め、京都共産党北地区委員会の職員となった。

昭和六一年には、京都府知事選挙と同時に執行された京都府会議員の補欠選挙に立候補した。

当時の知事選挙は、共産党一党に対して相手方はすべてという構図だった。知事選はまだしも、一議席を争う補欠選挙で、同じ構図で、相手方は亡くなった社会党議員の夫人が出馬。客観的に見て勝てる見込みが少ないから、候補者の擁立に難渋した。

「君でも行くか」

専従職員の穀田に声がかかり、出馬が決まった。案の定、穀田は負けたが、予想以上に票を獲得し善戦した。

そして昭和六二年四月、統一地方選挙がおこなわれたが、共産党所属の市会議員が選挙前年夏に引退を決めたため、まったく手がなかった。そこで穀田にお鉢が回ってきて、みごとに当選を果たした。

穀田は感謝した。

〈京都の人には、出身地に関係なく、どこの馬の骨かわからん人間でも、通してくれる深さがある〉

京都という土地にある反骨精神と革新の気風が、共産党の力になっている面もある。

かつて右翼の大学だった立命館は、戦後、「平和と民主主義」を守ろうという学校になった。同志社大学には、戦時中であっても、戦争の在り方に対して、天皇制との矛盾を感じて悩む人たちがいた。京都大学も、自由な校風である。

京都市政には同和行政の歪みがあった。例えば同和住宅にしても、一度も家賃を払わないにもかかわらず、ずっと住み続ける人たちがいた。それを告発すれば、部落解放同盟などからすぐに抗議の電話がかかる。あるいは、就職に手心が加えられ、京都における公務員の不祥事につながっていくという悪循環がある。

そうした同和利権の是正を、穀田は市政の二本柱の一つにして取り組んだ。

もう一つの柱は、京都の景観ということだった。それは何も美しさを守るというだけでなく、暮らしを守ることに相通ずるものがある。まずそこに生活している人たちの暮らしを守り、例えば、高層ビルの建設をやめていくことに結びつけていくという考えだった。

## 阪神・淡路大震災対応

穀田が市会議員任期中の平成二年、日本共産党は衆議院議員総選挙で旧京都一区から梅田勝と藤原ひろ子とを擁立し、共倒れになった。旧京都一区の定員は五人で、次点とそれに次ぐ七位で落選した。

京都で共産党は強い。この選挙区では昭和四七年以降二名を擁立し、昭和四七年と五四年は一つの区で複数当選を実現し、少なくとも一名は当選してきた。

共倒れで議席を失い確実に議席を獲得するためにも、平成五年の総選挙は一人に絞ることになった。そして穀田単独での国政選挙初出馬となり、トップ当選を果した。

平成七年一月一七日、京阪神が大被害を受ける阪神・淡路大震災に見舞われた。午前五時四六分、兵庫県南部地震が発生する。

旧京都二区選出の共産党議員、寺前巖《てらまえいわお》から直ちに電話があった。

「えらいこっちゃ」

神戸のほうがもっと大変なことになっているということで、二人は駆けつけようとしたが、大阪府大阪市北区から福岡県北九州市門司区へ至る国道二号は塞がっている。そこで、北からの迂回ルートを選択し、京都府亀岡市を経由して、午後二時過ぎには兵庫県西宮市に入った。他県の国会議員ではおそらく一番乗りだっただろう。

二人は西宮市役所から、芦屋市、神戸市へと、夜中になるまで回った。その日から三日間、現地の地獄絵図を目の当たりにした。

震災発生から九日後の一月二六日、国会で予算委員会が開かれた。

そこで質問に立った穀田は、こう主張した。

「大きな問題は、被災した住民の生活をどう再建するか。生活を再建する場合、住宅の再建が基礎となる。住宅再建のための個人補償制度に公的な支援をつくるべきだ。これこそ政治の責任ではないか」

生活再建を実現するため、国会議員と市民の共同で、被災者生活再建支援法をつくっていくことに力を尽くした。穀田は、作家で市民運動家としても有名な小田実《おだまこと》らと手を組んだ。共産党と小田との関係は良くなかったが、そんなことを言っていられる状況ではなかった。数多くの市民運動と連携して被災者の支援と生活の再建に奔走した。

被災者生活再建支援法が施行されたのは平成一一年だが、当初は一〇〇万円だった支援金が、三〇〇万円に増額された。

もう一つ頭をもたげてきたのが、沖縄問題であった。平成七年一一月、SACO(沖縄に関する特別行動委員会）が設置された。

ところが平成八年一二月、SACOは、普天間基地を沖縄本島東岸沖に移設するとした最終報告を出した。

普天間基地移設問題について、穀田はこう異を唱えた。

「基地のたらい回しにしかならない」

ところが、社民党も賛成した、いわゆるSACO合意が成立した。

いまでは普天間基地の「県内移設」ではなく、撤去を求める「建白書」を沖縄の全四一自治体の首長と議長がそろって提出し、撤去は「オール沖縄」の声となっている。

## 労働法制の改悪

穀田の語る言葉は、関西弁の柔らかさを持っている。普通なら出身地の言葉が残るはずだが、穀田の場合は岩手でも水沢、久慈、陸前高田、一関、盛岡と、県の北から南まで転々としていた。岩手県の面積は、四国よりも広く、方言がかなり違う。だから、あまり覚えていられなかった。

母が兵庫県伊丹市出身だから、もともとイントネーションに関西訛りが出る。そして、大学時代からいる京都の方言で話すようになっていった。

特に国土交通委員会などで質問をしていて、相手の答弁に頭にくると、突然、関西弁に切り替わることがある。

「なに言うてんねんな！」

そういう言葉が出てくるから、周りは怒り始めたとすぐにわかる。

その反面、関西弁ふうの語り口は、柔らかい印象を受けるから、得をしている面もある。各党と密接に連絡を取り合う国対委員長を、穀田が平成九年以来、一六年も続けていられるのは、攻めどころでは論理的に攻めても、雰囲気が柔らかいことが利点になって、最終的に落としどころをつくれるからだろう。

穀田が国対委員長に就任以来、激しく抵抗したものには、労働法制の改悪という問題がある。労働者派遣法が平成一一年に変わり、派遣事業が原則自由化された。

穀田と議論を交わした寺前が、怒りに燃えた。

「本当に大変な問題なんだ」

共産党は断固阻止しようということで労働団体や民主運動と連携して、反対キャンペーンを張って戦った。

穀田は、与党に詰め寄った。

寺前の論戦は、火を吹いた。

「こんなことやったら、クビ切り自由の社会が生まれるし、賃金が引き下げられる。全体が引き下がるということになりかねない」

すると、労働大臣を務めていた甘利明はこう答えた。

「そういう悲観的な考えがあるのを初めて知った」

結局、共産党は改悪を阻止できなかった。それまで派遣といえば、通訳やソフトウェア開発などエキスパート的な意味合いが強かったのが一転して、あらゆる分野で派遣労働が蔓延した。そして、今では非正規雇用の形態が三割を超え、二〇〇〇万人を超える事態となっている。

日本共産党は、労働者派遣法抜本改正を掲げている。さらにはブラック企業根絶といったことを含めて、大きな世論になってきたという意味では、日本共産党は役割を果たしているだろう。

それと同様に、規制緩和も間違っていると指摘してきた。例えば、タクシー業界である。小泉政権時代、規制緩和の象徴とされ、自由化によって台数が一〇パーセント近く増加した。

「労働者の賃金も上がる。業界全体も発展する」

運輸大臣は、そういう認識を示した。

ところが現状は、まったくその逆だ。規制を強化せざるを得なくなっている。

## 他党との関係

平成二五年七月の参議院議員通常選挙で、日本共産党は改選議席数三から、当選者数を八人出した。非改選を含めて一一議席となった。国政選挙で他党と共闘する例は極めて少ない。基本政策での一致がなければ、国民に責任が負えないからだ。

しかし、方針や立場が違っても、一致する課題ごとに共同で取り組む。国民のさまざまな利益を守るため手を組むことには、いささかも躊躇しないというスタンスだ。

消費税については、平成二六年四月に五パーセントから八パーセントに増税することを安倍首相が決めた平成二五年一〇月一日、じつは、みんなの党、日本共産党、生活の党、社民党が集まった。

日本共産党は、「消費税八%増税の四月実施反対」の一点で共同でアピールするため、その日の午前九時にその叩き台となる声明文を各党に提起した。そして午後四時に、各党が顔を揃えた。

しかし、アピール文の注文や各党の思惑もあり、流れてしまった。押すときは押す、引くときは引く。この場合は、引かなければならなかった。それが、日本共産党の妙味なのだ。

なぜ実らなかったかなどを公にはしない。一時は凌げるかもしれないが、その後のことを考えれば、得策ではない。信頼を失えば、前へ進められるものも進まなくなる。長期戦で、物事を構えているのである。

平成二五年の秋、小泉純一郎《こいずみじゅんいちろう》は、「原発即ゼロ」を宣言した。だが、そもそもその一年前から即ゼロという「提言」を発表していたのは、日本共産党である。

事実、原発が運転停止する時期を迎え、電力需要は原発なしで賄えることが証明された。停止しているのだから、再稼働しなければ「核のゴミ」は増えない。

東京電力福島第一原発事故は、チェルノブイリ原発事故とともに人類史上に刻まれるような深刻な事態をひきおこした。ひとたび放射性物質が大量に放出される原発事故が起きると、その被害が時間的にも空間的にも社会的にも広がり続ける。その異質な危険をふまえ、即刻ゼロにするという方針に発展させた。

日本共産党は小泉政権時代、郵政民営化や規制緩和などさまざまな政策で対決してきた。しかし北朝鮮問題では、平壌《ピョンヤン》宣言に至る対応を支持した。訪朝して相手と話し合い、拉致を認めさせて、その後、被害者を日本に帰したことは有意義である。しかも、拉致問題の解決、植民地支配の過去の清算、日朝国交正常化交渉の開始などが盛りこまれた平壌宣言は、立派なものだと評価した。

今回の脱原発に向けた小泉の言動も、評価している。即ゼロという主張は、日本共産党以外、していなかったことを、小泉は知っているはずだ。

〈小泉氏本人はどう思っているか知らないが、よう我々のところに近づいてくれたな〉

穀田はそう感じた。

かといって、国民の再注目を浴びた小泉に、日本共産党が乗っていくということはないだろう。時流に乗って点数を稼ぐということに、あまり興味はない。

小泉がどういう考えを持って今後、動いていくのか見極めた上で、接近し話し合うことはやぶさかでない。

その底流には、こんな思いがある。

〈主権者である国民の圧倒的な世論が、原発ゼロにある。いまの政府の方針が乖離しているだけの話であって、歴史の大筋からいって、国民は確かな道を選ぶ〉

## 自民党の暴走を止めてほしい

日本共産党は参議院議員の議席を一一まで伸ばしたが、党幹部は「実力以上の結果だ」と見ている。

衆議院に小選挙区制が導入されて以来、政権選択可能な二大政党制ができつつあった。それは裏を返すと、国民が自民党を選ぶか、民主党を選ぶかという選挙になっていた。

いっぽう、政権をすぐには取れそうにない政党を選択肢から排除するという論理でもあった。そして自民党から民主党へ政権交代したが、民主党政権はことごとく公約を破って国民の期待を裏切った。自民党政権とたいして変わらないどころか、政権運営がおぼつかなく、また自民党政権に逆戻りで、二大政党制は瓦解しかかった。

するとメディアは第三極をもてはやす。特に関西のメディアは、日本維新の会を立ち上げた橋下徹を、総理大臣よりも大きく取り上げる。「カラスの鳴かない日はあっても、橋下氏がテレビに出ない日はない」と言われるほどだ。

しかし、実際には大阪維新の会は自民党とたいして変わらない。むしろ自民党よりも右寄りだと、段々明らかになってくる。すると、自民党対共産党という対決軸が際立つ。

そういう中で、「自民党の暴走を止めてほしい」という期待が、共産党にかけられた。自共対決で議席を伸ばしたのであって、日本共産党の政策や理念が必ずしも広く理解されたわけではないだろう。

それでも自民党政権の内外の行き詰まりの中で、政治の激動、歴史の激動が起こり、日本共産党がいずれ政権を担当する政治の実現の可能性は、高まっている。

日本の政治史の流れからいうと、昭和五五年、社会党（現・社民党）と公明党による日本共産党排除の「社公合意」があった。革新運動の分断がもちこまれ、社民党の右傾化が進んだ。その後、いずれの党も政権与党入りを果たした。自共の両極の中間に存在すると見られていた政党が公明党はブレーキ役どころか、アクセルの党になっているし、維新やみんなの党は、自民党政治の補完政党の役割がはっきりしてきた。

自民党政治の批判票の受け皿が日本共産党であることが鮮明になってきた。

国政の主だった争点は、消費税増税、集団的自衛権行使の解釈改憲を含む憲法問題、原発問題、沖縄基地問題、TPP参加の是非、といったところである。

それを踏まえて、穀田は考える。

〈消費税増税に賛成する国民は、二割しかいない。憲法にしても、九条を変えることに反対する国民のほうが多い。基地の県内たらい回しSACO合意の反対にしても、いまや沖縄県民の総意になっている。長い年月はかかったが、国民にとっての大きな政治の争点で、わたしたちは多数派になっている〉

そこを突き詰めていけば、政府の矛盾はさらに深まる。政権獲得を見据えて、広い視野でやっていかなければならない。パフォーマンスに乗って安易に票を取ろうとせず、野党連携が乱れたからといって相手を非難しないのは、それゆえなのだ。

ＴＰＰを巡っては、これまで共産党と縁のなかったＪＡ（農業協同組合）、全漁連（全国漁業協同組合連合会）、日本医師会などの協力や共同の取り組みが前進している。

## 畑野君枝の目覚め

日本共産党衆議院議員の畑野君枝《はたのきみえ》は、昭和三二年一月一九日、神奈川県川崎市に生まれた。旧姓は大西君枝である。

昭和五〇年四月、畑野は横浜国立大学教育学部に入学し、国語を専攻した。

中学校の同級生が漫画家になった頃、畑野は初めて「搾取」という言葉を知った。

畑野は父親がどれだけ必死になって働いても、生活が良くならないのが不思議だった。が、搾取という言葉を聞いて、目から鱗が落ちた。

〈そうか。働いた分すべてが労働者の手に渡るわけじゃないんだ〉

この時、畑野は初めて父親を許し、認めることができた。

畑野は、入学後まもなく民青に入り、一年生の秋、その民青のメンバーである大学の仲間から誘われた。

「きみ、共産党に入らないか」

畑野は、横浜国立大学教育学部を卒業後の昭和五四年四月、教員として東京都内の中学校に勤務することになった。教えるのは大学で専攻していた国語である。

昭和五八年、畑野は、民青の幹部から声をかけられた。

「民青の専従になって、活動してくれませんか」

専従となるには教員を辞めなければならない。教員の給料は手取り一四万円だったが、専従になれば七万円になってしまう。実家から通っていて生活には困らないとはいえ、大いに悩んだ。子どもたちが大好きだったから、教員にも未練があった。

畑野は二八歳で日本民主青年同盟神奈川県委員長に就任した。民青は二五歳までとなっていたが、幹部は三〇歳までと定められていた。

昭和六二年二月、民青の神奈川県委員長を務める畑野君枝は、同じく民青の京都中京区地区委員長を務めていた畑野孝明と結婚した。

平成元年三月、畑野は民青を「卒業」し、日本共産党神奈川県委員会に勤務するようになった。

平成六年四月、日本共産党神奈川県委員会の教育部を担当していた畑野は、翌年夏の参議院選に神奈川県選挙区から立候補することになった。

立候補の誘いを受けたとき、畑野は思った。

〈共産党のことを語る仕事なら、わたしにもできるのではないか〉

選挙活動中、畑野は行く先々で歓迎を受け、応援された。畑野の立ち位置は引退した小泉初恵の後継者で、小泉の人望も手伝って行くところ行くところ反応が良い。選挙初挑戦だった畑野は確信した。

〈これは当選する！〉

が、実際は定数が増えたことで、候補者は乱立ぎみであった。

投開票がおこなわれた平成七年七月二六日、畑野の父親は緊張のあまり選挙の開票を見守ることができなかった。結局、畑野は二五万六〇一五票で六位落選だった。二十数万票は神奈川では基礎票で、前回平成四年の参院選に共産党から出馬した大森猛の二二万票弱に比べて票が少し伸びた程度であった。

落選を知ったとき、畑野は泣いた。「頼まれたからには頑張る」という勢いだけでは通用しなかった。

が、畑野が涙を流したのはそれが最初で最後であった。

## 捲土重来

不破哲三幹部会委員長は、平成一〇年の参院選に向け、神奈川県から出馬する畑野に「暮らしの目線で政治を変える」というキャッチフレーズをつけてくれた。女性たち、中でも子育てをする主婦たちの暮らしの思いを直接届ける。まさに畑野の訴えにピッタリなフレーズであった。

畑野は演説で、教員をしていた経験や、二人の子を持つ母親であることを伝えた上で、訴えた。

「経済企画庁が発表した『全国の子育てしやすさ』の順位で、神奈川は最下位でした。東京、大阪に次いで人口の多いこの神奈川にはたくさんの子どもたちが暮らしています。それなのに、全国でもっとも子育てしにくいんです。わたしは、そんな神奈川県を変えていきたい」

畑野は、保育園の待機児童の解消、中学校給食の実施と三〇人学級の実現など、女性ならでは、母親ならではの目線で有権者に訴えかけた。

当時、畑野のように子育て真っ最中の女性が候補者になることは珍しかった。三年前の選挙時と比べて成長したとはいえ、子どもはまだ八歳と五歳である。お母さんたちの子育ての苦労が噴出していた時代に、畑野の訴えはマッチしたようである。

また、何といっても「消費税を三パーセントに戻す」という訴えが県民の心をとらえた。

神奈川入りした不破哲三委員長は、訴えた。

「消費税減税をスッキリ主張し、国民の側に立っているのは畑野さんだけだ」

畑野は確かな手応えを感じた。馴染みになった新聞記者からも「受かるんじゃないの」と言われた。が、自民党は現職の斎藤文夫と新人の牧島功の二人の候補者を立てており、社民党の阿部知子、自由党の樋高剛、前回次点だった無所属のツルネン・マルテイなど、有力八候補が争う全国有数の激戦区となった。

各党とも公示日から自民党の橋本龍太郎総裁、民主党の菅直人代表、社民党の土井たか子党首、自由党の小沢一郎党首など、各党党首の集中的な応援が相次いだ。ただし公明党は、かつての民社党（のちに新進党に合流）と一回おきに出馬するバーターの約束があったといわれ、候補者は出していなかった。

自民党は最初から共産党を意識しており、神奈川選挙区は「自共対決」の情勢となった。落選経験のある畑野は、とにかく最後まで気を抜かずに選挙運動を続けた。

畑野は、自分のテーマカラーをオレンジに決めた。夫の両親が兵庫県の淡路島でみかん農家を営んでいたからである。オレンジ色の服を着て選挙活動をおこなった。

夫の孝明も選挙中は仕事を一カ月休み、家のことと地元活動に専念してくれた。どちらかといえば仕事人間だった夫が、料理も洗濯もアイロンがけも上手になり、子どもにとって良き父親となった。それでも小さな子どもにとっては、「ママが一番」であるため、畑野は母親としても全力投球した。

八二歳になった父親も炎天下、娘といっしょに応援演説に立ってくれた。

「敬老というけれど、いまは〝軽い老〟と書く『軽老』ではないでしょうか。安心して長生きできる社会に変えようではありませんか。前回はハラハラしましたが、今回はどうか娘を勝たせてください」

聞いていたアナウンサーも思わず涙ぐむほどの必死の訴えだった。

平成一〇年七月一二日、参議院議員選挙の投開票がおこなわれた。畑野は、夜の開票速報でも他候補と激しく競り合いを続けた。心配した党員、後援会員らが横浜市関内の一角にある畑野の選挙事務所に次々と詰めかけた。ビル街に「万歳」の声がとどろいたのは、午前一時をまわっていた。

畑野は二位で初当選、参議院神奈川選挙区初の共産党議員の誕生となった。一位は、約六四万票を獲得した当時、民主党の浅尾慶一郎、二位が畑野で約五二万八〇〇〇票、三位が民主党の千葉景子で約五一万票であった。自民党は斎藤文夫と牧島功の二人の候補者を立てたのが仇《あだ》となり共倒れとなった。自民党が選挙区選挙で議席を失ったのは三六年ぶりのことだった。

選挙区での勝利とともに、比例代表選挙でも得票を前回から二・二六倍に伸ばす五六万五二八二票を獲得し、比例区の全国的躍進に貢献することができた。

## 教員の経験から

参議院議員となった畑野は、教員の経験があることから文教科学委員会に所属し、奨学金の問題、そのための財源確保の具体案など教育条件の改善整備に努めた。

当選後、初めての国会質問で三〇人学級の実現を求めて以来、一三回、歴代五人の文部科学大臣に実現を迫った。

平成一三年三月二六日の参議院本会議では、町村信孝文部科学大臣と次のようなやり取りをした。

「三〇人以下学級の実現は、国民の声であり、父母、教職員の願い、そして子供たちの切実な願いです。ところが、政府はこの願いを無視し続け、今回提出された政府案は四〇人学級のままになっています。

世界の流れは学級規模の縮小です。学級編制の標準は、アメリカ、ドイツ、イギリスなど先進国では三〇人以下学級が主流になっています。ところが、日本ではこの二〇年間、四〇人学級のままに置かれてきました。政府は学級規模縮小の教育効果は明らかでないなどと言いますが、世界の経験、研究成果などを見ない暴論と言わなければなりません。

アメリカの研究では、学習効果はもちろんのこと、子供の人格の向上、教師の教えやすさについて学級規模縮小の効果が報告されているのです。実際、テネシー州やカリフォルニア州では実践的にその効果が確認され、一部では一五人学級にまで踏み込んでいるところもあります。

平成一一年一一月のアメリカ教育省のクラスサイズについての報告書に対し、アメリカ政府は、学力向上のため、クラスサイズの縮小は効果があることが証明されている、一七〇万人の生徒がクラスサイズ縮小政策の恩恵を直接受けていると言っているではありませんか。

日本でも、日本教育学会が平成一二年三月の教員調査の報告書で、学力や心のケア、教師の指導しやすさなど教育効果を高めるため、学級規模の標準は二〇人程度とすべきであるとしています。にもかかわらず、なぜ三〇人以下学級に踏み出せないのですか。三〇人学級を一〇年間で実施した場合、年間国庫負担は約八〇〇億円で済みます。むだな公共事業を削減し、国家予算に占める文教予算の割合を一九八〇年の一〇パーセントにまで戻せば、あるいは小中高校予算のGDP比を国際水準にすれば十分実現可能なものであると考えます」

町村大臣が答えた。

「学級規模と教育上の効果に関してこれまで欧米や我が国においてなされた学術的研究において、その関連については必ずしも明確にはなっていないと私どもは受けとめております」

当時、子育ての現場の声を届ける議員は少なかった。生活の問題はイデオロギー対立とは無関係である。そのせいだろう、自民党の議員も畑野の話によく耳を傾けてくれた。

アメリカのテネシー州における少人数学級の実績については、その時は認められなかった。が、民主党政権下で「三五人以下学級」を法制化する際、中教審の答申の中で畑野が国会で取り上げたテネシー州の例が採用された。

畑野は思った。

〈時代の変化を国会に伝える場合、時間はかかる。でも道理を尽くして説得していけば、変えていく力に必ずなる〉

## 神奈川にも原発と同じようなものがある

平成一一年一一月二五日、参議院の文教・科学委員会が開かれ、畑野が質問に立った。

「中曽根科学技術庁長官に、一〇月二八日、アメリカの原子力軍艦が寄港する港湾の地元である横須賀、佐世保の市長から要望書が出されております。東海村の事故を契機に、原子力軍艦の寄港に関する市民の不安がさらに高まりつつあると言われていますが、地元のこうした心配について、長官はどのように受けとめていらっしゃいますか」

平成九年九月三〇日、茨城県那珂郡東海村に所在する住友金属鉱山の子会社の核燃料加工施設、株式会社ジェー・シー・オー（ＪＣＯ）が起こした臨界事故である。ＪＣＯは燃料加工の工程において、国の管理規定に沿った正規マニュアルではなく「裏マニュアル」を運用しており、原料であるウラン化合物の粉末を溶解する工程でステンレス製のバケツで作業するなどしていた。この改悪された作業により、日本国内で初めて臨界事故被曝による死亡者を出してしまった。

事故を知った畑野は、血の気が引いた。

〈大変なことが起きてしまった〉

作業をしていた労働者は大量の放射線に被曝して体中の細胞が破壊され、点滴をしても体から水分が漏れ出てしまい、多臓器の機能不全により死亡した。畑野の大叔父は、長崎で被爆し、苦しみながら死んでいった、あの放射能の被害がまた繰り返されてしまった。畑野は歯ぎしりした。畑野は共産党の議員団の一員として、ＪＣＯのこの事故を徹底して追及した。臨界事故の時に本会議で安全神話の一掃、プルトニウムの循環方式からの撤退を訴えた。

「神奈川にも原発と同じようなものがある。原子力潜水艦が横須賀に頻繁に入港している」

畑野が声をあげた。横須賀市長や佐世保市長らも立ち上がった。そして中曽根弘文科学技術庁長官への質問となったのである。

中曽根長官が答えた。

「米国原子力軍艦の我が国への寄港に際しましては、当庁といたしまして海上保安庁及び地方自治体等と協力して厳重な放射能調査、監視に取り組んできており、今後ともこれらを充実していくことなどで地元の皆様方の不安の解消に努めてまいりたい」

が、政府はこれまで原子力潜水艦などの「事故が起こり得るということを前提とした対策」を取っていなかった。畑野は、その点を追及した。

中曽根長官が答えた。

「当庁といたしましては、今回の事故を踏まえて、万が一の事態にその状況を的確に把握する上で重要なモニタリングポストの高度化を図るなど、放射能調査、監視体制、万が一の事故時対応の充実に努めてまいりたい」

畑野が確認した。

「事故が起こり得るということを前提にそういうことをするということですね。今までは事故が起こらないということを前提に科技庁が動かなかったという意見があるわけですから、原潜の事故もあるという前提で計画を具体的に相談して進めるということですか」

中曽根長官が答えた。

「これは、東海村のような施設のみならず、今、委員ご指摘の軍艦等の寄港する地域の防災計画についても十分配慮して、地元の住民の皆さんがご不安にならないように、それから万が一、異常が発生したときの対応というものも日ごろから自治体関係者と十分に話をしていく必要があると考えております」

それまで「安全です」と言ってきた政府が、一八〇度見解を変える答弁をしたのである。これは翌日の神奈川新聞の一面トップとなった。

## 少子化対策

参議院には、委員会とは別の参議院独自の調査会がある。畑野は「国民生活経済に関する調査会」に入り理事となった。共産党議員は各調査会に二人在籍しているため、人数割り当てで理事になれるのである。理事会では各会派が調査会のテーマを提案することができる。

畑野は、先輩議員で同じ調査会に所属する西山登紀子に訊いた。

「わたしたちが提案するテーマは、何がいいでしょう」

西山が答えた。

「少子化がいいわ」

畑野はさっそく、調査会で提案した。

「少子化をテーマにしたい」

すると、すんなりと採用された。共産党が提案するテーマがこれほど簡単に認められるケースは、これまであまりなかった。

共産党の提案もあり、調査会では少子化問題に取り組むことになった。

日本における少子化問題は、非常にデリケートなものだった。戦時中の「産めよ、殖やせよ」政策に対する反省である。当時、女性は子どもを産む機械として扱われ、何人も子どもを産むことで体を壊し、命を削って産み育てた大事な我が子を戦争に取られてしまった。

調査では、戦時中、三国同盟を結んでいた日本、ドイツ、イタリアはともに人口政策を取っていなかった。いっぽう、フランスなどでは以前からずっと子育て支援政策を推進しており、子供を三人産むと補助金が出るなどさまざまな支援がおこなわれている。

畑野は思った。

〈日本の場合は、望む人が望めるだけ子どもを持てるような支援が必要なんじゃないか〉

畑野らは、さまざまな人の意見を丁寧に聞き入れながら、賛成反対含めて議論をしていった。中には「そうした問題に政治が口を突っ込むくらいなら、人口が減ってもいい」という意見もあった。また、女性の権利としては「産まない選択」もあり、政府はなかなか踏み込んだ政策が取れずにいた。調査会での議論は最終的に少子化対策推進に関する決議という形で、本会議に上程された。

平成一三年六月二二日の参議院本会議で、少子化対策推進に関する決議の採決がおこなわれた。

畑野は予測していた。

〈きっと、反対者が出るんだろうな……〉

ところが、予想に反して反対者はゼロだった。参議院の採決は押しボタン式で、一目で賛成反対者数がわかる。それだけ少子化は日本にとって切実な問題になっていたのである。

子どもの医療費を国の制度として無料にするなど、畑野の提案は、他党の議員たちも、「そういったリアルな声は大事だ」と言ってくれ、子育て支援のための国会決議を超党派で提案して実現することができた。与党の自民党の議員が「どうして日本共産党の言うことばかり聞くんだ」とぼやいたほどである。

## 内臓がえぐられる苦しみ

平成一三年は、日米安保条約が締結されて五〇年、アメリカ空母が横須賀を母港にしてから二八年に当たる年だった。

昭和四八年に横須賀が航空母艦の母港となった際、アメリカ側と日本政府は「おおむね三年で米本国に帰る」「厚木基地での訓練はおこなわない」などと約束していた。が、約束はすべて破られ、神奈川県は沖縄に次ぐ米軍基地が集中する県となった。そして厚木基地でタッチ・アンド・ゴーの夜間離発着訓練（ＮＬＰ）が開始されるようになってから一九年が経とうとしていた。横須賀港から航空母艦が出航する際に、地上での離着陸訓練が義務づけられているためだった。

厚木の周辺住民からは「内臓がえぐられるような苦しみ」「子どもが引きつけを起こす」と訴えられてきた。アメリカの軍隊が海外に攻め込むための基地を提供しているのは日本だけであり、またＮＬＰを厚木基地のような住宅密集地でおこなっているのも日本だけだった。

平成一三年一月、自治体のＮＬＰ中止を求める要望がピークに達し、厚木基地を抱える神奈川県大和市、綾瀬市にとどまらず、三沢基地を持つ青森県三沢市、横田基地を持つ東京都福生市、岩国基地を持つ山口県岩国市の五市長の会談が初めて開かれ、共同して中止を求めることになった。

共産党も国会議員団としてプロジェクトチームを作り、ただちに五市長・助役との会談をおこない、国会で追及し米軍にも中止を求めた。関係自治体と住民たちは、「米軍との友好関係の中断」を宣言するなど、激しい怒りと抗議が広がっていった。

こうした運動の中で、二月に厚木基地で予定されていた二一世紀最初のＮＬＰが中止となった。訓練はすべて硫黄島でおこなわれることになったため、三沢、横田、岩国基地での訓練も中止となった。

その後、米軍は訓練の場を硫黄島に移すことが多くなったものの、住民への告知もなく朝昼晩関係なく飛行することになってしまった。平成二四年には、国・県・市に寄せられた抗議・苦情が一万件を超えた。

平成一三年の時のように、地元と共産党が一体となって激しい反対運動をした際には、米軍も言うことを聞かざるをえないが、日本の担当者が交代する頃になるとまた元の木阿弥《もくあみ》となる。共産党としては、何度も繰り返し反対運動をしなければならない課題の一つであった。

平成二〇年、横須賀に原子力空母が配備された。ひとたび原子力事故を起こせば「死の灰」が首都圏約三〇〇〇万人の上に降ると指摘され、原子力空母の母港撤回を求める市民運動が粘り強く取り組まれている。

## サービス残業の是正

平成一五年七月一七日におこなわれた参議院内閣委員会で、畑野は、少子化対策基本法の審議にあたり、働くための条件づくりなど安心して子どもを産み育てられる社会づくりについて質問した。

畑野は、「男性は仕事、女性は家庭を守る」という固定的役割分担意識をとりあげ、家事労働の役割分担を進めていくための障害をただした。

坂東眞理子《ばんどうまりこ》内閣府男女共同参画局長が答えた。

「二〇〇三年（平成一五年）版男女共同参画白書の調査では、夫は外で働き、妻は家庭を守るべきであるという役割分担意識は、二〇代の男女では日本は三八・九パーセント、ドイツは一七・四パーセント、イギリスは五・四パーセントとほかの国々に比べて大変高い。家事労働の役割分担については、掃除、洗濯、食事の支度などすべてにおいて日本では九割近くを妻が負担している。日本はひたすら妻が引き受ける傾向が欧米諸国に比べると強いようである」

女性労働者の年齢階層別の労働力率をグラフに表すと、三〇歳代前半の出産・子育て期間中をボトム（底）とするM字カーブを描くことから、女性労働者の働き方は「M字型曲線」と呼ばれるようになった。

出産、子育てのために会社を辞め、子育てが一段落したときに低賃金のパートに出る。こうした働き方のせいで女性の生涯年収はひどく減ってしまっていた。

畑野は、男性の労働のあり方についても質問した。

「日本で性別役割分担が根強いのは、男性の労働時間が長いからではないか」

男性の労働があまりにも長時間過密でサービス残業が横行しているため、家事、子育て、介護に参加できない状況にある。それが結局、少子化問題につながっていた。

坂東が答えた。

「週に六〇時間以上働いている男性の、たとえば育児への参加は、それ以下の方たちに比べると明確に短い。やはり長く働き過ぎて疲れてなかなか育児や家事に参画できないのかなというデータはある」

畑野はまた、少子化社会の最近の要因について政府の認識をただした。

厚生労働省政策統括官が、平成一四年第一二回出生動向基本調査『出産に関する意識調査』をあげて答えた。

「妻が理想とする子どもの数は二・五六人、これに対して実際に持つ予定の子どもの数は二・一三人と、理想の子どもの数と予定する子どもの数にはやや乖離が見られる。その理由として一番多いのは、子育てや教育にお金がかかりすぎるから、という回答が最も多くなっている」

当時、共産党の吉岡吉典が労働委員長となり、違法なサービス残業の実態をただそうと動いた。他党からは「共産党が委員長になったら、委員会はまとまらないだろう」と言われた。が、共産党が国会でサービス残業問題を三〇〇回以上追及質問し、平成一二年、解雇規制法案などとともにサービス残業根絶法案を提出した結果、平成一三年四月六日、厚生労働省は労働基準局長から都道府県労働局長あての「サービス残業是正通達」を出した。「労働者の労働時間の適正な申告を阻害する目的で、時間外労働時間数の上限を設定するなどの措置を講じないこと」といった労働者側に立った通達が出たのは、これが初めてのことであった。その後、一一年間で一九三二億円の未払い残業代を支払わせることができた。

ちなみに、「サービス残業」という言葉を国会で初めてとりあげたのは共産党の沓脱《くつぬぎ》タケ子《こ》で、昭和五一年五月に女性労働者のタダ働きを告発した際に使われたものであった。

畑野が当選した時、衆議院には石井郁子、瀬古由起子、中林佳子、藤木洋子、藤田スミ、参議院には阿部幸代、井上美代、岩佐恵美、大沢辰美、須藤美也子、西山登紀子、八田廣子、林紀子、吉川春子と日本共産党の女性議員が勢揃いし、女性の地位向上委員会をつくって行動した。

畑野は、そのほかにも県内小中学校の耐震化率の全国一位への引き上げ、学費軽減と奨学金の充実、教職員の多忙化解消、障害児教育の充実、雇用の確保などに尽力した。

平成二六年一二月、畑野は、衆院選に比例南関東ブロックから単独候補として立候補し、当選。現在、法務、文部科学の各常任委員会に所属している。

日本国民が一億数千万人いれば、あらゆる問題がある。無数にある問題の中から政治家がどこに反応するかは、それぞれの議員たちの立場や生き様、問題意識によって変わってくる。畑野は、少子化や子育て支援、核問題などを取り扱った。それで間違いはなかったと思っている。

## いすゞ自動車派遣切り

平成二〇年秋に起きたリーマンショックの影響により、いすゞ自動車は一一月一七日に一四〇〇人の派遣・期間労働者に対して一二月末で全員解雇すると打ち出し、一二月二六日に社宅から出て行くよう通告した。

畑野君枝は、すぐさま地元の神奈川労働局に出向いた。

「一二月二六日がどういう日かわかりますか？　翌日から官庁は閉まってハローワークに行くこともできないんですよ」

労働局の職員がハッと気がついたように答えた。

「そうですね」

畑野は、その対応に驚いた。

〈「そうですね」なんて、そんなノンビリした対応はないでしょう！〉

ともかく共産党としては、解雇される労働者のために年末年越しの対策をしなければならない。

平成二〇年一一月二六日、日本共産党の志位和夫委員長は、小池晃参院議員、塩川鉄也衆院議員、畑野君枝らといすゞ自動車に出向いて解雇を撤回するよう求めた。

応対したいすゞの執行役員は、一四〇〇人のほとんどが、翌平成二一年三月末までの契約途中の解雇であることを明らかにした。

「リーマンショックのせいで、仕事が劇的に減ってしまった」

が、いすゞは休業手当などへの助成である雇用調整助成金など解雇回避の努力もせず、労働者との協議もなく一方的に解雇を通告しただけであった。

志位が指摘した。

「有期雇用の途中解雇については、労働契約法一七条一項で、企業が倒産の危機にあるなど『やむを得ない事由』を除いて禁止している」

志位は、いすゞは減益といっても六〇〇億円の経常利益を見込んでおり、株主配当を一七億円も増やす計画であることを指摘した。

「一方で全員解雇しながら一方で配当を増やすのでは、『やむを得ない事由』とはいえず、違法解雇だといわざるを得ない。撤回すべきだ」

いすゞ側は、「仕事が減っているので解雇せざるを得ない」と繰り返すだけで、具体的な指摘には答えることができなかった。

もともと解雇を通告された非正規労働者は、偽装請負から派遣・期間労働者になった人で、その多くが四年から六年間も働いている人たちであった。

共産党では、リーマンショックが起きる以前から小池晃参院議員と塩川鉄也衆院議員が中心となって、いすゞ自動車に対してこうした労働者の雇い止め中止と正社員化を求めていた。それに対していすゞ側は、平成二〇年三月二一日に表明していた。

「八〇〇人いる期間社員から正社員に登用する制度を導入し、八〇〇人の派遣社員も直接雇用に切り替えていく」

小池がただした。

「あの時の表明と正反対のことをやっている。約束違反ではないか」

が、いすゞ側は「仕事がない」と繰り返すだけだった。

志位は、さらに追及した。

「経過からみて本来なら正社員にするのが当然だ。全員を解雇するというのは企業の社会的責任を放棄するものだ。長年働いてきた人を調整弁のように切り捨てるのは許せない。企業の社会的責任が問われる」

志位委員長は、党本部に寄せられた、いすゞ労働者の切実な声を読み上げた。

「いすゞで五年以上働かせてもらいました。今回の突然の解雇で寮を出されたら、住む家もなく、住所不定で、外で寝なければなりません。一二月の解雇手続きを断りたいのですが、できるでしょうか。一二月の解雇で、大量に住所不定者が出ると思います。いすゞは五年も働かせてくれたのに、最後は紙切れ一枚でこんなことをいわれて、悲しいです。いすゞは、死人まで出ないとわかってくれないのでしょうか。冬に外で寝るのは、死ねということなのでしょうか」

「解雇手続きをさせられます。このまま辞めさせられたら、寮を出されたら死んでしまいそうです。契約した三月まで、なんとか働きたい」

畑野は聞いていて思わず涙ぐんだ。

志位は、労働者の切実な思いを代弁し、心を込めて説得した。

「歳末のこの寒空に放り出して、大量のホームレスをつくるつもりなんですか」

志位の指摘に対して、いすゞ側はようやく答えを出した。

「来年三月末、契約期間満了までは寮に住めるようにする。再就職についても、最後までフォローします」

翌日の栃木工場、翌々日の藤沢工場の門前でこのことを知らせると、労働者から「ありがとうございます」との声が上がり、「頑張ってください」とメールが届くなど共産党の本社への申し入れは大きな反響を呼んだ。

ところが、平成二二年いすゞ自動車は正社員の登用制度を撤回してしまっていた。

派遣切りをされたいすゞの栃木工場と藤沢工場の元労働者たちは、一人からでも入れる全日本金属情報機器労働組合（ＪＭＩＵ）の組合員となり、そのうち一二人がいすゞ自動車に正社員化などを求める裁判を起こした。が、平成二四年四月一六日の東京地裁の判決では原告の訴えをほぼ棄却。原告側は控訴し、現在も裁判中である。

共産党の畑野君枝は、派遣切りにあった元労働者たちの支援と裁判の応援を続けている。

平成二五年、ＪＭＩＵに続々と非正規労働者が組合員として参加するようになった。

「次に続く人にこんな苦しみは味わわせたくない」

非正規の若い青年労働者が堂々と団体交渉する。

「自分はこのいすゞが大好きです。正社員になって働きたい」と、二〇代の若者が会社に訴えた。

その後、三年ぶりに正社員登用制度が復活した。しかも、これまでよりも受けやすくなったというのは組合員の取り組みの結果だった。

一〇月八日、いすゞは「社員登用試験の実施について」を公表した。これは臨時従業員と正社員から寄せられた声をもとに、ＪＭＩＵが要求してきた成果である。試験では藤沢・栃木の両工場で七五人の応募があった。募集人員は十数名であるから、八割は不合格になる。

田島一の『時の行路』は、この非正規雇用者たちの実話をもとに書かれた小説で、いすゞ自動車との交渉についても詳細に描かれている。作中では、畑野は「畑山喜美枝」の名前で登場している。

# 第四章

# しんぶん赤旗と党組織

## 党本部ビル建設に四〇億円の募金

平成一七年一月三一日、日本共産党本部ビルのすべての建物が竣工した。

党本部ビル建設は、平成一二年六月一日に新築工事を開始し、途中、事故もなく、四年半の歳月をかけて完成した。

新しい党本部は、地上一一階地下一階の一期棟と地上八階地下二階の二期棟、二つの棟をつなぐ共用部分からなり、延べ床面積は約一万六五〇〇平方メートル（地下駐車場を含む）。一階玄関であるエントランスホール（約四二〇平方メートル）は、日本共産党と国民の交流の場となるような広いスペース。政党本部できわめて重要な会議室としては、中央委員会も開催できる大会議場（約五〇〇人収容）をそなえた。

全面的建て替えを決断したのは、平成七年の阪神・淡路大震災の教訓からであった。震災の際、日本共産党兵庫県委員会のビルは頑丈だったため、あの大きな揺れにも耐え、ビクともしなかった。そのため、このビルを拠点として、震災で被災した人たちの救援活動に励むことができた。

だが、同時に、ある懸念が生まれた。

〈もし、阪神・淡路大震災クラスの地震が関東で起きた場合、本部ビルはどうなるか？〉

NOAH

そこで、専門家の耐震診断を受けた。

結果は、党の発展とともに建て増ししてきた八棟のうち、いくつかの建物は震度七では「倒壊の危険あり」とのきびしい結論が出されたのである。

〈これでは、我々の方が被災者となり、助けてもらう側になってしまう……〉

さっそく、中央委員会は、総合建設委員会（責任者・上田耕一郎副委員長）をもうけ、数年に及ぶ検討と研究をかさね、平成一一年の第二一回党大会第四回中央委員会総会で党本部ビルを全面的に建て替えることを決定した。

こうして、党本部ビルの建設がはじまった。

新しい党本部ビル建設にあたって、なにより考慮したことは、地震・災害に強く、二一世紀に長期にわたって党活動の拠点となりうる堅牢なつくりにすること。しかもムダを省いた機能性を取り入れ、できるかぎり節約して、簡素で経済的な建物にすることだった。

また、日本共産党の本部にふさわしく、国民に開かれた建物、環境と高齢者、障害者にやさしい建物にすることに配慮した。

財政面では、総予算八五億円のうち、四〇億円を募金（寄付・協力借入金を含む）、四五億円を積立基金によってまかなう方針のもとに、全国の党員・支持者に協力をよびかけた。すると、じつに多くの建設募金が集まり、目標の金額を達成することができた。

なお、党本部ビルの土地については、戦後、この場所の土地を持っていた人の寄付からはじまり、だんだんと買い増しして現在の広さとなっている。

政党同士で比較すれば、自民党本部のビルよりも大きい規模である。しかも、自民党は国営地にビルを建てているが、共産党は政党助成金に頼ることもなく土地も建物もすべて自前である。植木俊雄日本共産党広報部長によると、これは、それだけ多くの古くからの党員・支援者がいるという証でもあるという。

## 綱領が命

日本共産党における最高の意思決定機関は全国大会である。二年から三年の間に中央委員会によって招集、開催され、事情がある場合には、中央委員会は党大会の招集を延期することができるとされている。

党大会では、党の方針や人事を決定する。中央委員会の報告を受けてその当否を確認し、中央委員会が提案する議案について審議・決定し、党の綱領・規約を改定し、中央委員会（中央委員と准中央委員）を選出する。

日本共産党は、支部‐地区‐都道府県‐中央という形で階層的に党員を組織している。中央委員会はこのうち中央組織の執行機関にあたり、中央委員会が、党大会から つぎの党大会までの間、党の意志を決定し、対外的に党を代表し、全党を指導する機関として活動するとともに、その下で事務を処理する専従職員の機構をそなえている。

中央委員会は中央委員と准中央委員をもって組織する合議制の機関である。中央委員と准中央委員はどちらも党大会で選挙によって選出される。その際、中央委員会は次期委員として候補者を推薦する。代議員（選挙人）も自由に候補者を推薦することができ、これは自薦も含まれる。

党大会で決める人事は、すべて秘密投票でおこなわれる。中央委員会が責任を持って中央委員会人事案を大会に提出する。大会代議員の一人ひとりが、候補者、一人ひとりについて信任＝「○」かどうかを無記名投票する。各候補者の信任票数も、代議員に示される。

ちなみに、国政選挙などの勝敗により、その党のトップが責任を迫られることがあるが、日本共産党では、そういう事態は起きない。なぜかといえば、日本共産党では党大会で選挙をどう闘うのかを決め、その方針に従って選挙に臨むからだ。

平成二三年一月の第二五回党大会では、一六三人の中央委員と三五人の准中央委員を選出した。

また、大会議案は、おおむね二カ月前に開かれる中央委員会総会で提案され、各支部で討議される。ここでは、直接中央委員会に意見を述べ、修正を提案することもできる。

書記局に寄せられた提案・意見は大会前に発行される冊子「しんぶん赤旗党活動のページ・臨

時号」（かつてはしんぶん赤旗評論特集版）に掲載され、配布される。

全国に二万ある各支部すべてが総会を開き、地区党会議への代議員を選出する。地区党会議では、都道府県党会議の代議員を選出する。都道府県党会議で、党大会への代議員を選出する。このように、すべてボトムアップで進められる。ただし、都道府県委員会直属支部や中央委員会直属支部の場合はこの限りではない。代議員は、各界各層から選出され、国会議員でも特別視されないことが、特徴である。中央委員・准中央委員であっても、自動的に代議員に選出されることはない。

党大会の期間はおおむね、四〜五日間。ここ最近は、静岡県熱海市上多賀・伊豆多賀駅西方の山中にある日本共産党伊豆学習会館付属大講堂で開催されるのが通例となっている。

まず、初日に「開会あいさつ」がおこなわれ、幹部会委員長による「中央委員会報告」に入る。ここで、党大会決議案などの議案の説明がなされる。

続いて、代議員による討論に入り、最終日の前日までおこなわれる。綱領や大会、中央委員会で決定した方針にたって活動してきたわけで、それらをふまえた新しい方針に異論がいっぱいでるということは考えられない。討論は、大会決議案そのものに沿いつつ、代議員所属党組織活動内容や、議会活動、選挙活動、党外への宣伝活動などが主になる。

最終日の前日に、中央委員会が推薦する次期中央役員候補者名簿、名誉役員名簿が配布され、提案報告される。代議員による推薦も受け付けられる。

最終日に「結語」がなされた後、採決に入る。最近は全会一致で採択されているが、時には反対もわずかではあるが、あったことがある。その後、中央委員などの中央役員選挙に入る。

党大会は休憩し、新しく選出された中央委員による第一回中央委員会総会（一中総）などが開かれて党中央役員の主な任務配置が確定され、「閉会あいさつ」となり党大会は終わる。

なお、その他中央委員の処分があった場合は党大会に報告されるとともに、規約上の処分についての再審査の請求があった場合は、その再審査の結果の承認がおこなわれることになっている。だから最近の党大会でもめたりするようなことはなかった。日本共産党には、派閥はない。それは、綱領があるからだ。

その綱領は、党大会で決められる。方針の大本となっているのが綱領であり、綱領と違ったことを決めたりすることもない。綱領が命であり、憲法なのだ。なにより、この綱領を認めて党員は共産党に入ってくるのだから、根本的な反対意見が出るようなことはない。

日本共産党の年間収入は約二〇〇億円。その内訳は、機関紙誌・書籍などが一番多くを占めるが、党費・寄付も重要である。日本共産党の党費は税引き後年収の一％とされている。年収五〇〇万の党員なら、年間五万円だ。個人の収入については、自己申告とされている。また、生活に困っている人には免除措置がある。

日本共産党の財政を支えている「しんぶん赤旗」の存在は大きい。党の機関紙であって、日本の政治をよくしたいと思っている人たちの共同の新聞を続けており、言うなれば、一般紙との記事を比べてもそん色はない。むしろ、赤旗がスクープを飛ばし、一般紙がそれを追いかけるということが増えている。

今、赤旗の購読者は一二四万人だ。党員は三〇万五〇〇〇人だから、党員以外の人たちも大勢購読してくれている。「しんぶん赤旗」が日本共産党と有権者を繋ぐ重要な力になっている。

## 赤旗のライバルは、読売と朝日！

「しんぶん赤旗」の山本豊彦記者は、昭和三七年五月二一日、福岡県北九州市に生まれた。実家は遠賀川沿いにあり、子ども時代はいわゆる「川筋気質」の人々に囲まれて育った。

遠賀川流域には「喧嘩・博打・酒を川筋に咲く三つの花」という船頭唄があり、川沿いに住む坑夫たちはいつしか「川筋のモン（者）」と呼ばれるようになった。「川筋気質」にはいつ死ぬかわからない坑夫たちの過酷な労働条件が根底にあり、生まれた言葉だった。

父親は共産党員ではなかったが、昭和三〇年から昭和三二年にかけて東京都北多摩郡砂川町の立川基地拡張に対する運動を巡る一連の事件である、いわゆる砂川事件の時には学生運動に参加していた。また、社会人となり家庭を持った後も、NHKの『日曜討論』などを欠かさずチェックしており、息子に「共産党のことはよく勉強しているんだ」と言っていた。が、山本の周囲に共産党員はまったくおらず、山本もほとんど興味を抱くことはなかった。

昭和五三年四月、山本は地元の進学校である福岡県立東筑高等学校に進学した。東筑高校は俳優の高倉健《たかくらけん》や、近鉄、オリックスの監督を務めた仰木彬《おおぎあきら》などの母校で、生徒たちは硬派で強面な人が多かった。山本はサッカー部に所属するスポーツ青年だった。サッカーに熱中しすぎたため浪人し、翌昭和五七年、早稲田大学第二文学部、いわゆる夜間部に合格した。上京するとき、山本は、五木寛之《いつきひろゆき》の『青春の門』の主人公・伊吹信介になった気分で汽車に乗り込んだ。伊吹信介は、筑豊の炭鉱で働く父を持ち、やがて上京し、早稲田大学に入学。砂川闘争の真っ最中であった。伊吹は、やがて左翼となっていく……。

山本は昼間にバイトをし、夜間に大学に行く生活を送った。

山本は大学時代に日本共産党に入党した。

昭和六三年四月、早稲田大学第二文学部を卒業した山本は、JR代々木駅近くの日本共産党東京都委員会に就職した。

山本は上司から言われた。

「きみ、赤旗の専任記者をやらないか」

しんぶん赤旗編集局は、渋谷区千駄ヶ谷の日本共産党本部隣、明治通りに面した八階建てのビル内にある。全国に八つの総・支局を持ち、海外の主要都市でも特派員が活動していた。そのほかに、四七各都道府県に、「専任記者」と呼ばれる赤旗記者が一人か二人配置されていた。

山本は、特に新聞記者になりたかったわけではなかったが、上司の指示を受け入れる形で専任記者となった。最初は慣れない仕事に苦労もしたが、そのうちに面白くなってきた。

試験を受け平成二年、編集局に入局した。

山本は最初、校閲部に所属した。校閲は地味な作業ではあっても「新聞・出版社のレベルを測るバロメーター」と言われる高度で緻密な仕事である。山本にはその適性がなかったのか一年後、名古屋市中区にある東海北陸総局（現・東海北陸信越総局）に異動となった。

山本は、自分自身の大きな取材テーマとして「ゼネコン」を選び、地道に取材を積み重ねていくことを決めた。

その後、週刊紙である日曜版編集部、毎日発行する日刊紙の経済部、社会部と異動し、現在は日曜版編集部で記者を務めている。

山本は、記者経験を積むうちに、たびたびスクープ記事をものにする事件記者として業界で広く知られるようになる。

## スクープ〝消えた五〇〇万円〟

山本記者が、「政商」といわれる水谷建設元会長の水谷功を取材するきっかけとなったのは、石原慎太郎《いしはらしんたろう》東京都知事（当時、以下同）親子への〝消えた五〇〇万円〟のヤミ献金疑惑だった。

平成一八年一〇月初め、赤旗日曜版の山本豊彦記者が、こんな話を聞き込んだ。

「水谷建設の元会長が東京地検に石原都知事がらみの話をしているようだ」

そう耳打ちしてくれたのは、一〇年以上、ゼネコン問題を追い続けてきた山本記者の人脈の一人、「ゼネコン業界と政界の中間にいるような人」だという。

山本は水谷建設周辺などの取材で、平成一七年九月に糸山英太郎《いとやまえいたろう》元衆院議員が、石原知事の三男の石原宏高《いしはらひろたか》衆院議員の当選祝いを都内の料亭で開き、そこに石原知事と水谷建設の元会長が出席していたとの概要をつかんだ。

ウラを取るためにターゲットに選んだのが、当時、糸山の秘書室長で、その後、退職した人物だった。

平成一八年一二月初め、山本記者は同僚と二人で、元秘書室長の事務所があるマンションの前で、元秘書室長を直撃した。

最初は、「話すことはない」と拒否されたが、「真実を知りたい」との説得に最後は折れた。そこで元秘書室長が語った。

「会合の数日前、糸山氏から『宏高氏に当選祝いを渡そうと思う。水谷氏に五〇〇万円出してほしいから連絡してくれ』と指示があった」

爆弾証言だった。

元秘書室長は、その手配をしたことを認めたが、実際に金が渡ったかどうかは知らないと答えたという。政治資金収支報告書にも五〇〇万円の記載はない。

この話は、平成一八年一二月一〇日の日曜版でスクープ報道し、大きな反響を呼んだ。

小木曽陽司編集局長は、こう力を込める。

「『赤旗』の一番の強みはタブーがないことです。他紙には書かない、書けない、踏み込めないタブーがあまりにも多すぎる。これに対して『赤旗』は、権力に遠慮も気兼ねもない、タブーがないから真相に肉薄できるし、真実を伝えることができるのです」

赤旗は、東京に約三〇〇人、地方を合わせれば三五〇人を超える記者を擁する。これに地方議員や党組織のネットワークも加わる。発行部数は日刊紙と日曜版をあわせて一二四万部。このうち日曜版は一〇〇万部を超える読者を持つ日本最大の週刊紙だ。

松宮敏樹・日曜版編集長は、赤旗の強みをこう語る。

「全国に党組織があるので、何かあれば電話で聞ける。共産党の議員や党員は、人々の苦難の解決にこつこつ努力している。記者的機能のある人でもあり、心強いですね」

「しんぶん赤旗」の編集幹部は、こう力を込める。

「他の政党機関紙をライバルと思ったことはありません。目指しているのは党の支持者だけでなく、国民に広く読まれる新聞です。ライバルは読売であり、朝日です」

## 古賀誠「九条は世界遺産」

第二次安倍内閣は最優先課題として景気回復を掲げ、アベノミクス政策を力強く押し進めていった。ところが内閣成立後半年も経たないうちに、安倍首相は憲法改正問題に戻っていってしまった。

六月の都議選を控えた大事な時期であったため、自民党内部からも批判が出ていた。

山本記者は、福岡出身で以前から付き合いのあった古賀誠《こがまこと》自民党元幹事長に連絡を取った。

「最近になって安倍さんがまた九六条改正にのめりこんでいますね。この件を中心にお話を伺いたいのです。ぜひ、赤旗に出て頂けませんか」

山本は、古賀が現職時代は取材を申し込むことは控えていた。が、政界を引退した今なら出て

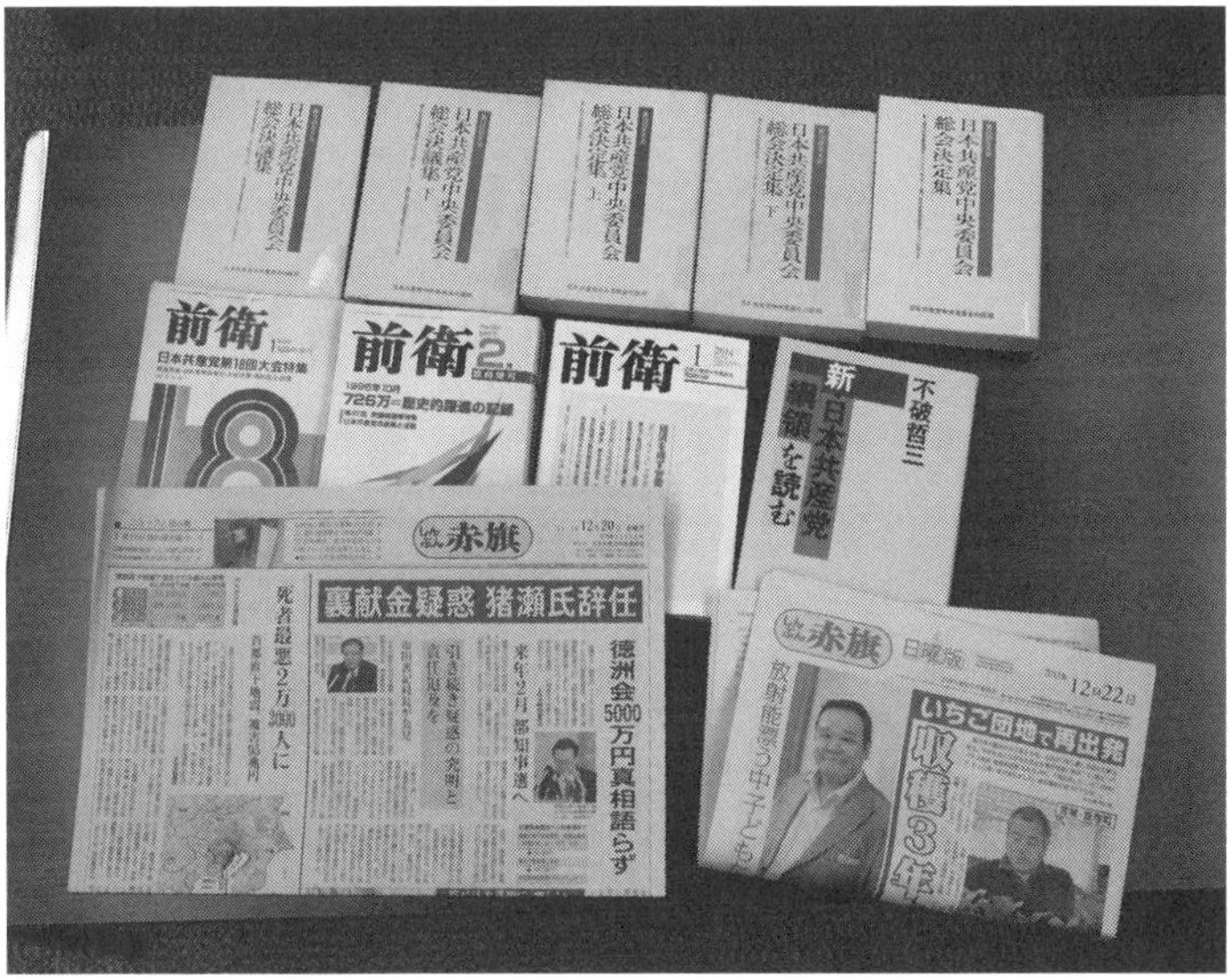
日本共産党中央委員会
総会決定集
前衛
日本共産党第18回大会特集
726万=歴史的躍進の記録
新日本共産党綱領を読む
不破哲三
赤旗
裏献金疑惑 猪瀬氏辞任
徳洲会5000万円真相語らず
日曜版
12月22日
いちご団地で再出発

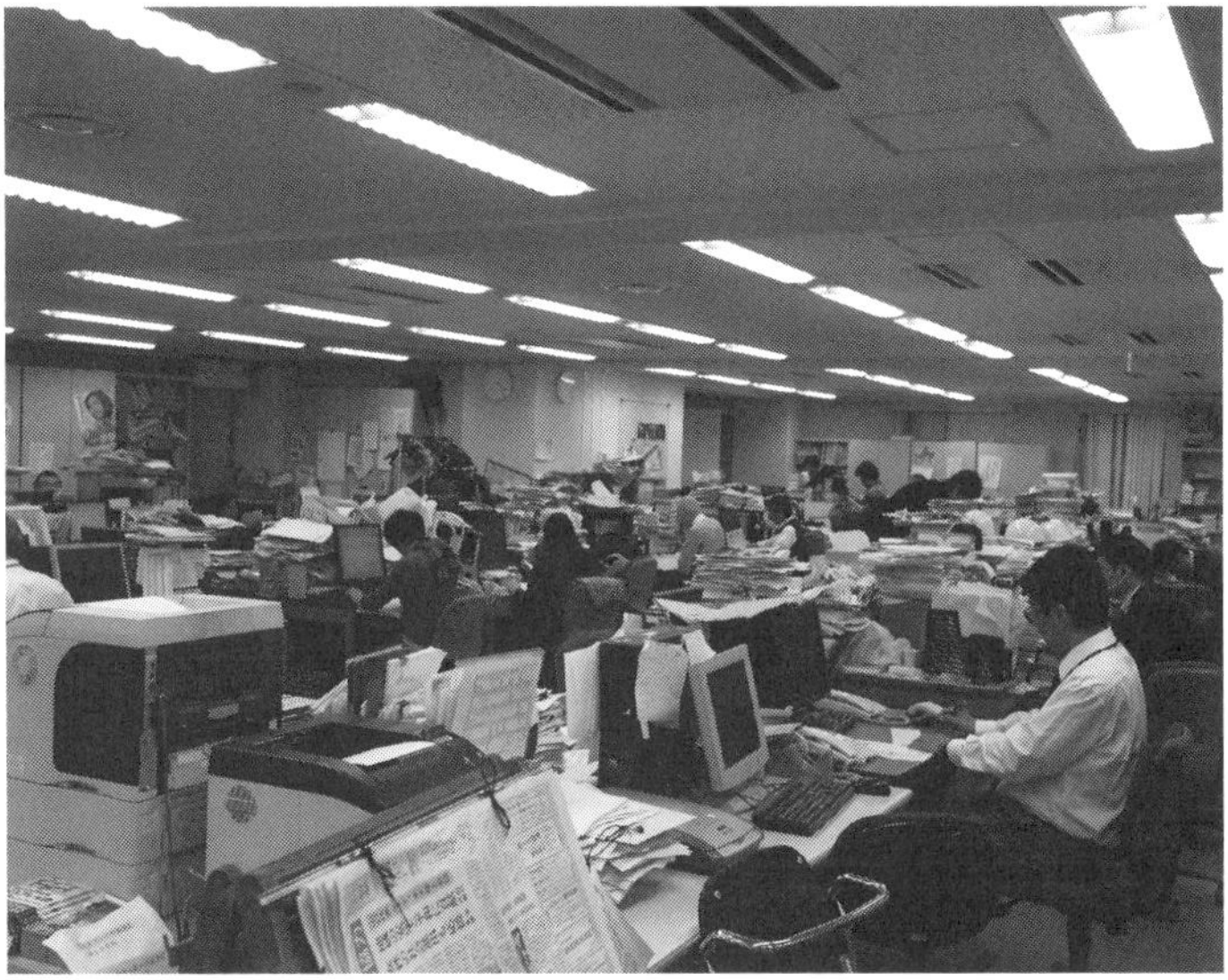

くれるかもしれない。古賀は、山本のそんな期待に応えてくれた。

「わかった」

宏池会《こうちかい》会長を務めていた古賀は、以前から山本に「自分たち宏池会が保守本流」だと言っていた。宏池会は自民党内で憲法改正に否定的な護憲・ハト派集団である。憲法改正に情熱を注ぐ安倍首相に対し、古賀も何か発信しなければならないと考えていたはずだった。

山本の書いた古賀のインタビュー記事は「九十六条改憲に大反対」と大きく見出しをつけて、「しんぶん赤旗日曜版」平成二五年六月二日号に掲載された。

「前回総選挙を機に国会議員を引退した古賀誠・元自民党幹事長が日曜版のインタビューに応じ、安倍晋三首相が進めている憲法九十六条改定に反対する見解を明らかにしました。憲法について聞きました。

「憲法の平和主義は『世界遺産』」

私は、憲法改正の勉学、研究、学習は当然として、議論はやっていいが、実際の改正には慎重でなければならないという立場です。とくに現行憲法の平和主義、主権在民、基本的人権という崇高な精神は尊重しなければならない。なかでも平和主義は『世界遺産』に匹敵すると私は講演でも話しています。

いま、九十六条を変えて憲法改正手続きのハードルを下げるということが出ていますが、私は認めることはできません。絶対にやるべきではありません。

憲法はわが国の最高法規です。他の法規を扱う基準と違うのは当然でしょう。一般の法規が『過半数以上』ということなら、憲法改正発議が『各議院の総議員数の三分の二以上の賛成』という現在の規定は当然です。諸外国を見ても、憲法改正のハードルは高くなっているじゃないですか。

私は、自民党の政策グループ『宏池会』の四月の会合でも『今日の日本があるのは、平和憲法が根底に強く存在していたということだけは忘れてはならないとつねづね思っている』と挨拶しました。

憲法の議論は、現行憲法に流れる平和主義・主権在民・基本的人権の尊重という三つの崇高な精神を軸にしなければならない。とくに九条は平和憲法の根幹です。浮世離れしていると見られるかもしれないが、その精神が一番ありがたいところで、だから『世界遺産』と言っているのです。平和主義は絶対に守るべきだと思っています。

ただ、ここはあなた方と意見が違うでしょうが、自衛隊は九条二項を一行変えて認めればいい、というのが私の考えです。ここは国民的議論をすればいい。

「母の背中を見て」

私の父は、私が二歳の時、『赤紙』一枚で召集され、フィリピンのレイテ島で戦死しました。父の訃報が届いた時はまだ五歳でした。私には父の思い出がありません。

あの時代、母は自分の幸せなど、何ひとつ求めることなく、私と姉を必死で育ててくれました。子ども心にも母の背中を見ていて、戦争は嫌だ、二度と戦争を起こしてはならない、と思いました。この思いが私の政治家としての原点です。

戦争を知らない人たちが国民の八割近くを占めるようになりました。だからこそ戦争を知っている私たちのような世代の役割は大きいと思っています。

私は、自衛隊をイラクに派遣するイラク特措法案の衆院採決の際（二〇〇三年　平成一五年）、議場から退場しました。平和を脅かすようなことをしてはいけない、と戦争を知らない世代に目に見える形で示したかったからです。

党幹部からはお叱りを受けましたが、退場したことは間違っていなかったと今でも思っています。今回、あなた方（赤旗日曜版）のインタビューを受けたのも、戦争を知る世代の政治家の責任だと思ったからです。

「自共が二大政党」

戦後の長い間、国政の場で、自由民主党と日本共産党は、立場や政策は違っても、それぞれが自負も誇りも持って活動してきた、と私は思っています。離合集散する政党はたくさんあり、照る日や曇る日もあったが、その中でもぶれずにやってきた。私に言わせると自民党と共産党こそが『二大政党』だと思っています」


かつて、赤旗には、自民党幹事長を歴任した野中広務と加藤紘一《かとうこういち》が登場したことがあった。記事を書いた山本も、いろいろな人から同じことを聞かれた。

「なんで古賀さんは赤旗に出る気になったんでしょうね」

記事に対する反響は大きかった。心配になった山本は、古賀に連絡を取った。

「いろいろご迷惑になっていませんか？」

古賀は、おおらかに答えた。

「全然なっていない。気にしなくていいよ」

安倍首相の高支持率が続く中、マスコミもいわゆる自民党リベラル派の意見はほとんど取り上げてこなかった。

山本は思った。

〈古賀さんは、腹の据わった人だな……〉

記事にも書いたとおり、古賀は戦争の体験がある。父親を戦争で亡くし、女手一つで育てられ、古賀も苦労した。安倍首相には戦争体験はない。

山本は思う。

〈戦争を自身で体験したことの持つ意味は大きい。古賀さんは、だからこそ「若い世代に言わなきゃならない」と思ったのだろう〉

山本が書いた古賀のインタビュー記事がきっかけとなり、マスコミ各紙も安倍首相と対立する意見を持つ自民党議員のことを取り上げるようになった。

山本は、記事によって〈潮目が変わった……〉と感じた。

## 自民党巨額献金要求文書

平成二五年六月、山本は、親しくしているあるゼネコン業界の人と話をしていた。

「最近はマスコミも、安倍自民党を『業界とのしがらみがない』というイメージで持ち上げていますよね」

安倍首相は「昔の自民党とは違う。アベノミクスは成長戦略だ」と強調していた。安倍政権成立当初こそ、アンチリフレ派をはじめアベノミクス批判を繰り返していたマスコミも、今はすっかりおとなしくなって安倍首相の主張する「成長戦略」という言葉を使い、公共事業のバラマキを含むアベノミクスを持ち上げるようになっていた。

しかし、そのゼネコン業界の人は首を横に振った。

「いやいや、そんなことはないよ。自民党はまったく昔と変わっていないよ」

「そうなんですか？」

「今だって、文書で正々堂々と日建連あてに献金依頼が来ているもの」

日建連とは社団法人日本建設業連合会の略で、ゼネコンと呼ばれる総合建設業者で構成される業界団体のことである。

山本は、身を乗り出した。

「え、そんなペーパーあるんですか。見せてもらってもいいですか？」

ゼネコン業界に人脈のある山本は、これまでも自民党が日建連に対して献金要請をしていることを耳にしていた。いくつか記事にもしたが、「具体的な文書がある」と言われたのは初めてだった。

手渡された文書は、二枚あった。一枚は自民党から日建連あての文書、もう一枚は自民党の政治資金受け皿団体である国民政治協会から日建連あての文書である。

自民党からの文書には、次のように書かれていた。


謹啓　時下、益々ご清栄のことと存じ上げます。

先の衆議院総選挙において、わが党は政権奪還を果たすことができました。

民主党による稚拙な国家運営と、国益の毀損、誤った政治主導による混乱と停滞に失望した、国民の判断、民意の結果が表されました。

現在の日本の状況を鑑みれば、経済、外交・安全保障、教育、そして震災復興、全てが危機的状況に晒されております。もはや一刻の猶予もありません。わが党は国民の負託を胸に、一致団結し、この危機を突破して参ります。

何より喫緊の課題は、「経済の再生」にあります。

成長していこうとする気概を失った国に、未来はありません。「強い日本経済」を取り戻すとこそ、わが党に課せられた使命であります。大胆な金融政策、機動的な財政政策、民間投資を喚起する成長戦略を三本柱に、継ぎ目なく政策を実行し、デフレ・円高の克服、経済の再生を図って参ります。

努力が報われ、今日よりも明日の生活が良くなると実感できる日本経済を取り戻すため、政府・与党一体、総力を挙げて、経済政策を強力に進めて参る決意です。

本年夏には、参議院選挙が行われます。ねじれ状態を解消してこそ、はじめて安定した政治を行うことが可能になります。党利党略ではなく、国家国民のために、我々はこれに勝利し、安定政権を打ち立てなければなりません。また、その前に行われる参議院山口県選挙区補欠選挙、東京都議会議員選挙にも全力で臨み、勝利しなければなりません。

貴台におかれましては、大変厳しい経済状況のなかに誠に恐縮に存じますが、わが党の意のあるところを御賢察下さり、今後とも自由民主党に御力添えを賜りますようお願い申し上げます。

なお、御協力方につきましては、わが党の政治資金団体であります一般財団法人国民政治協会より別途お願いを申し上げているところでございますが、何卒御高配賜りますよう重ねてお願い申し上げます。

謹白

平成二十五年二月

自由民主党

幹事長　石破茂

総務会長　野田聖子

政務調査会長　高市早苗

財務委員長　塩谷立

経理局長　山口泰明

社団法人日本建設業連合会
会長　野村哲也殿

国民政治協会からの文書には次のように書かれていた。

国政協本組第一号　平成二十五年二月
財団法人　国民政治協会
会長　塩川正十郎

社団法人日本建設業連合会
会長　野村哲也殿

謹啓　時下ますますご清栄のこととお慶び申し上げます。

平素より自由民主党ならびに国民政治協会に対し、格別のご協力を賜り厚く御礼申し上げます。

過般執行された第四十六回衆議院議員総選挙は、民主党政権に対して厳しい審判を下すものとなりました。それまでの三年有余、デフレ・円高にもただ手をこまねくばかりで回復の兆しさえ見えない景気、国家観が欠落し国益を損ない続けた外交、そして「政治主導」という名の展望なき迷走。これらによって、国民は明日の見えない閉塞感に苛まれてきました。

こうした失政に対する失望と怒りが、自由民主党に絶対安定多数となる議席を与えた面があることは否めません。このことを胸に刻み、国民の声に謙虚に耳を傾ける姿勢をあらためて誓って、自由民主党は政権に復帰致しました。

いま、日米関係の修復や近隣諸外国との軋轢の解消と友好関係の構築、東日本大震災からの本格的復興、福島第一原発事故により故郷を離れて暮らす方々の生活の問題、そして日本経済の再生と、内外に課題が山積しております。

自由民主党は「政治は国民のもの」と宣言した立党の精神に立ち帰り「強い経済」を取り戻すとともに「強靱な国土」の建設へと全力で立ち向かっております。

その自由民主党を支え、政策遂行を支援するため、同党の唯一の政治資金団体である国民政治協会は、これまでにも増して努力を重ねていく所存でございます。

つきましては、諸事多端の折、誠に恐縮に存じますが、諸般の事情をご賢察の上、何卒よろしくご協力を賜りますようお願い申し上げます。

謹白

記

一、金　四億七千壱百萬円也

山本は、目を見張った。

〈これは、おもしろい。自民党からは「国政協から請求がいくのでよろしく」とあり、国政協の文書では、具体的な金額入りの献金要請をしている。金額がでかい上に、一〇〇万円単位まで細かく金額を指定している……〉

細かな金額指定には、何らかの根拠があるのは間違いなかった。山本は、予想を立てた。

〈おそらく、この金額は献金目標の合計だな。国政協は昔からゼネコンをABCランクに分けて、スーパーゼネコンのAランクの企業からはいくら、準大手のBクラスからはいくら、と企業ごとに設定していたからな〉

その献金目標をトータルした額が四億七一〇〇万円ということなのだろう。

〈自民党はゼネコン業界だけでなく、不動産や流通など他の業界でも、同じ形で献金要請をしているかも知れないな……〉

が、こうして文書があるのはゼネコン業界だけである。山本は、この文書のコピーをもらい、すぐさま日曜版編集長に報告した。

この特ダネは、「しんぶん赤旗日曜版」平成二五年七月七日号の一面トップを飾ることになった。

平成二五年七月三日、日本記者クラブ主催の党首討論会が開催され、日本共産党の志位和夫委員長が自民党の献金要請問題について安倍晋三首相を追及した。

志位が、自民党が出した文書を手にしながら質問した。

「安倍さんに質問いたします。ここに今年二月、自民党の石破幹事長をはじめ三役連名で出された文書があります。ゼネコンなどで構成する『日本建設業連合会』にあてた政治献金の要請文です。私たちの『しんぶん赤旗』日曜版が入手したものです。

要請文には、自民党の政治資金団体である国民政治協会の文書が添えられております。そこでは、自民党は『〝強靭な国土〟の建設へと全力で立ち向かっており』、こうした『政策遂行を支援するため』献金をお願いしたいと述べ、『一、金　四億七千壱百萬円也』と金額まで明示しております。まるで請求書です。

『国土強靭化』とは一〇年間で二〇〇兆円という巨額の公共事業を進めるものですが、その見返りに金額まで明示して政治献金を求める、これは文字通り政治を金で売る、最悪の利権政治だと思いますが、見解を求めます」

安倍首相が答えた。

「文書を見たことはございませんので、なんとも申し上げようがありません」

志位は、この日二回目の質問で安倍首相をさらに追及した。

「先ほどわたしが出した文書は、日建連の事務局の側も、『赤旗』の取材に対して、そういう要請を受けた事実をコメントしております。ですから、間違いのないものです。

わたしが聞いたのは、『四億七千壱百萬円』という金額を明記した献金を求めることの是非です。これを改めて問いたいと思います。はっきり答えていただきたい」

安倍首相は、こう答えるしかなかった。

「献金の話は、党のほうによく確認しないとお答えするわけにはいきません」

日曜版七月七日号には、次の記事が掲載された。

七月四日公示、二十一日投票の参院議員選挙。自民党と日本共産党の「自共対決」にいま注目が集まっています。そのなかで新たな事実が浮上しました。安倍内閣の経済政策「アベノミクス」の一環としておこなう巨大公共事業と引き換えに、自民党がゼネコン業界に政治資金四億七千百万円の〝請求書〟を出していたのです。

編集部が入手したのは自民党と、同党の政治資金受け皿団体・国民政治協会（国政協）の文書。今年二月、ゼネコンの業界団体・日本建設業連合会（日建連）に出したものです。

自民党の文書には、石破茂幹事長をはじめ総務会長、政調会長などの名前がズラリ。アベノミクスの「三本柱」の政策を説明した上で、「夏には、参議院選挙が行われます」などと明記。国政協から「別途お願い」をするので「御高配」を、と要求しています。

その国政協の「お願い」文書。驚くのは、「一、金　四億七千壱百萬円也」の文字です。金額まで示した異常な請求書が明るみに出るのは初めてです。文書には「強靱な国土」建設の政策が。これは、高速道路など大型公共事業に十年間で二百兆円を投資する計画です。

大型公共事業の原資は生活苦にあえぐ国民の血税。それをもとに巨額献金を求める──。これは、政治をカネで売る最悪の利権政治です。

日建連事務局は「自民党から献金要請があったのは事実だが、各社が自主的に判断すること」と答えました。

ゼネコン献金の闇をさらに追及します。

一面のつづきとして、六面で「公共事業で癒着／ゼネコン参議院で建設族現職応援／税金が原資の利権政治」との見出しで、さらにその詳細が記されている。

一面で紹介した自民党と、同党の政治資金の受け皿団体である国民政治協会から、ゼネコンの業界団体・日本建設業連合会への政治献金四億七千百万円の請求書。日建連加盟のゼネコン幹部は「利権政治そのものだ」と語ります。

「たしかに新規の大型事業はわれわれの仕事になる。しかしその見返りに献金を出せというのはひどい話だ。もともと公共事業の原資は税金じゃないか」

自民党のベテラン秘書がこの請求書の意味を解説します。

「業界のためにこれだけのことをしたのだから、これだけの献金を出せというのが本音。そうでなければ、献金要請に金額など書かない」

国民政治協会を通じた自民党への献金は、日建連が毎年おこなってきたものです。日建連は、加盟のゼネコン各社にこの要請献金額を割り振ってきました。

しかし、今回は自民党が政権に復帰。安倍内閣が経済政策「アベノミクス」のひとつに「財政出動」をあげ、ゼネコンが喜ぶ大型公共事業への推進と大きくかじを切りました。

その政策のもとになったのが『国土強靭化』計画。自民党の国土強靭化は総合調査会（会長＝二階俊博《にかいとしひろ》衆院議員）が昨年まとめた「国土強靭化〜日本を強くしなやかに」は、十年間で二百兆円の公共投資や、高速道路の「ミッシングリンク（未連結区間）解消促進法案」（仮称）制定などを提言しています。

その当時、自民党はまだ野党でしたが、党本部で開かれた昨年七月の出版パーティーには、ゼネコン幹部など約一千人が詰めかけました。野党時代から自民党を応援していたゼネコン業界が、安倍政権に期待し、自民党側も巨額献金を期待する――。そんな癒着関係が深まっているのです。

当面のターゲットは参院選。日建連関係者は「自民党からの献金要請は毎年くるが今年は参院選を控えているので〝できれば早めに（振り込みを）お願いします〟といってきた」と明かします。

日建連は献金要請を三月の会合で協議。業績や規模に応じて各社の分担額を決めました。献金だけでなく、今回、自民党の参院比例候補となった、有力建設族議員、佐藤信秋氏（元国土交通事務次官）を丸抱えで応援しています。

昨年十一月の同議員の政治資金パーティーでは、『日建連に一枚二万円のパーティー券、三千万円分の購入依頼があった』（ゼネコン関係者）といいます。

大型公共事業に投じられる税金が自民党の政治献金に環流する一方で、庶民は消費税増税や社会保障切り捨て、不安定な雇用に苦しむ―。そんな古い「自民党政治」の転換が参院選でも問われています。

日刊紙の「しんぶん赤旗」でも、七月四日号にいち早く『「赤旗」日曜版文書を入手』としてこの献金請求者の記事を一面で紹介している。

このスクープの反響は大きく、テレビや新聞各紙、週刊誌に取り上げられた。

写真週刊誌『フライデー』七月二六日号には、『共産党がバクロ　またやってる！　自民党が

「建設業界に巨額献金」要求文書』とのタイトルで、記事と文書の写しを二ページにわたって掲載した。

『文藝春秋』の平成二五年九月号の「新聞エンマ帖」でも、自民党の献金請求書問題について触れている。

## 原発事故で露になった問題意識

「しんぶん赤旗」は、記者クラブに加盟していない。記者クラブには「新聞協会加盟者に限る」という縛りがあったり、「政党機関紙は入れない」などの排除の論理があるからだ。赤旗側は何度か正式に会員申込みをしたが、結局入れてもらうことはできなかった。

記者クラブには入れなかったが、逆に縛られることもない。記者クラブの会員たちは上から降りてきた情報の中で仕事をすることになり、そこからはみ出すことはない。たとえば司法記者クラブでは、「検察は次にこうした事件を扱う」という情報をとり、それを取材し、記事にするのが仕事である。

しかし、赤旗記者たちは検察が事件にする、しないとは関係なく、政治的・道義的責任があると思われる問題は独自の調査をおこなって記事にする。

取材をする場合、まずは対象となる地域の共産党議員に連絡を取って地元情報をつかむ。議会で問題になったようなことであれば、地方議員はかなり詳細な情報を握っている。

取材しようにも、最初から共産党を嫌う人も中にはいたが、逆に「共産党さんなら」と取材を受けてくれる人も大勢いた。

しんぶん赤旗の山本豊彦記者は、新人時代から二〇年以上ゼネコンを追い続け、上場企業の幹部クラスの人たちにも何度も取材をしてきた。彼らの中には、共産党に対して郷愁のようなものを抱いている人が多かった。

「今はこうして企業の役員になっているけど、若い頃抱いた理想を忘れたわけではないんだ」

そういう人は、山本に隠し立てをせず率直にいろいろなことを教えてくれる。世代としては、団塊の世代よりも少し上の、戦争末期に誕生した、もしくは幼少時代を過ごした人たちが多かった。戦後の民主主義の高揚を体感した彼らは、私利私欲だけでなく、社会的貢献をしたいと強く願っていた。

企業人が週刊誌の記者の取材を受ける場合は、まず「嘘を書かれるのではないか」と警戒するものである。赤旗の場合は「ありのままをきちんと書いてくれるだろう」という安心感もあるようだった。

共産党に共感してくれた六〇代後半から七〇代の人たちが現役を去っていき、今は四〇代から五〇代の若い役員が増え始めている。彼らは戦争を知らず、学生運動も知らない。社会への関心も薄いように見られがちだ。

しかし、福島原発事故を通して若い世代もそうでないことがわかった。原発事故というリアル体験に加え、今後も自分たちの生活と健康をおびやかすかも知れない放射能への恐怖があるからなのだろう。また、原発事故の際の政府やマスコミ、御用学者などの対応を見て、「ああいうお偉いさんたちは、本当のことだけを言っているわけではないんだ」と実感したのだろう。公の問題を「自分とは直接関係ない」と声を出さなかった若い世代も、原発をなくしたいと官邸前行動に参加するなど声を出し始めた。

山本は思う。

〈原発事故から始まって、だんだん社会のさまざまな問題について気づいてきているんじゃないだろうか〉

そうして高まった国民の意識が、平成二五年夏の参院選での共産党の躍進につながったのかも知れなかった。

共産党が「ぶれない政党」だということが、国民にようやく伝わってきたという側面もある。

もともとは、小泉政権から安倍政権にバトンタッチしてから自民党がダメになり、民主党政権になった。すぐに「民主党も自民党とやっていることは変わらない」と見放され、第三極と呼ばれた、みんなの党や日本維新の会に有権者の支持が流れていった。政界再編のゴタゴタの中で「結局、第三極のやっていることもよくわからない」ということになり、最後に「自民党と政策的にきちんと対決できるのは共産党以外にない」という結論に達した。そうした長い道のりを経なければ、なかなか有権者には伝わらなかった。

山本が古賀誠元自民党幹事長に取材をしたとき、古賀は「自民党と共産党が二大政党だ」と言った。いかにも古賀らしい言い方であり、長く政界のど真ん中を歩いてきた者の含蓄のある政党観である。古賀は、離合集散する政界の中で、数の多い少ないよりも、何があってもぶれずにいられることが大切だと言いたかったのだろう。

## 原発利権へのメス

山本は、他にもゼネコン関係のスクープ記事を書いている。すべて一面トップの特ダネ扱いである。

赤旗日曜版平成二三年九月一八日号には、「原発建設費十三兆円　ゼネコン大もうけの裏側」と題する記事が掲載された。

全国の原子力発電所の建設費用は約十三兆円。原子炉建屋は大手ゼネコン五社が独占受注。粗利益率は三割にも。政界にもカネが流れ、ツケは電気料金で国民に──。原発マネーをめぐる癒着構造の一端が新資料と証言でわかりました。

「ゼネコンへの発注実績は、できるだけ隠したかったのに……」

編集部が示したリストを前に、東京電力元幹部が語りました。

原発の建設費用は最終的に電気料金などとして国民が負担します。いわば〝公共工事〟と同じ。なのに、電力会社は「民間企業だから」と発注金額や受注企業などをこれまで公表しませんでした。

福島第一原発事故後、日本共産党の吉井英勝衆院議員（当時、以下同）の要求で、経済産業省資源エネルギー庁がようやく提出してきたリスト。ここには、全国の原発五十七基を受注した原子炉メーカー、原子炉建屋や土木工事を受注したゼネコン、建設費実績が記されていました。

五十七基の総建設費実績は約十三兆円。消費者物価指数による現在価値に換算すると十四兆五千億円にものぼります。

原子炉メーカーは、一部外国企業を除き大手三社（三菱重工、東芝、日立製作所）が独占。原子炉建屋も、大手ゼネコン五社（鹿島建設、大林組、大成建設、竹中工務店、清水建設）が独占受注（共同企業体では幹事会社）。多くは競争入札なしの特命受注です。

受注した大手ゼネコン幹部が語ります。

「粗利益率は二〇～三〇％と公共工事以上に高い。一号機をとればその後も受注でき、廃炉までやると五十年以上、仕事が切れない。本当においしい仕事だ」

前出の東電元幹部も「ゼネコンにはもうけてもらっている」とあっさり認め、その理由を語ります。

「原発立地の段階からお世話になる。用地買収から、政治家対策や説明会の〝動員〟など〝裏〟の仕事も頼む。電気料金に転嫁できるから、自分たちの懐は痛まないよ」

もうかる仕組み

「原発工事は文字通りトップセールスだ」

こう言い切るのは大手ゼネコン幹部。原発工事受注活動の一端を明かします。

「電力会社で新社長が就任した際には、お祝いを持っていく。数百万円だ」

原発工事の多くは、電力会社が独自の判断で業者を指名する特命発注です。

その理由を東京電力元技術系幹部は説明します。

「原発は固有の技術が求められるというが、それは表向きの理由だ。実は、ゼネコンには原発立地の段階からさまざまな〝裏〟の仕事をやってもらっている」

その一つが、電力会社などの依頼で、原発用地をひそかに買収することです。これまでに明らかになっているだけでも……。

—東北電力が計画していた巻原発の建設予定地を鹿島の下請け会社などが買収。

—関西電力などが計画していた珠洲原発の建設予定地を清水建設の関係会社などが買収。

さらに、原発の新設や増設の際に開かれる公開ヒアリングや説明会の際にもゼネコンは〝裏〟で暗躍していました。前出の東電元幹部は明かします。

「国などの主催だが、実際は東電が準備する。警備上の理由で、会場の入り口を狭くしたりするが、これらの費用は国などからは出ない。地元対策も含めゼネコンに汗をかいてもらっている」

原発立地での〝裏〟での活躍の見返りが工事受注なのです。その際、「〝裏〟の仕事でかかった経費は当然、建設費に上乗せしていた」と東電元幹部は語ります。ゼネコンがもうかる仕組みはいろいろありますが、その一つはこうです。

—原発工事では、正式着工の数カ月前に特定ゼネコンに特命発注をして、施工計画などを手伝わせていた。そのためゼネコンは自分がもうかるように施工計画をつくれた。

—それでも利益が足りない場合は工事着工後、ゼネコン側が設計変更を出してくる。これも基本的には認めていた。

政治家も〝口利き〟

原発工事のうまみに食いついたのは、ゼネコンだけではありません。東電元幹部は証言します。

「政治家から特定業者を下請けで使ってほしいとよくいってきた。国会議員から県議、町村長まで。立地や増設でお世話になるので、できるだけ使うようにしていた」

政治家側も電力会社に〝口利き〟していた事実を認めます。自民党元閣僚経験者の秘書は証言します。

「公共工事に口利きをすると問題になるが、原発は民間工事なので口利きをしても問題になりにくい。電力会社は政治家の話はよく聞いてくれた」

さらに、「原発のある地元有力者がかかわる建設会社には〝お約束〟として毎年、工事を発注していた」（東電元幹部）とも――。

〝お約束〟として工事を出していた一社が、福島第一原発の地元、福島県双葉町《ふたばまち》の田中建設。同社社長だった故・田中清太郎氏は一九六三年（昭和三八年）から八五年（昭和六〇年）まで六期、双葉町長を務めていました。

田中氏の著書『追想・町長在職二十二年の軌跡』には、東電元会長だった平岩外四《ひらいわがいし》経団連会長（当時）が発刊によせた一文を贈っています。

「田中氏は、その任期中、福島第一・第二原子力発電所の設置に関わる誘致に、地元の責任者としてご尽力されてまいりました。（中略）感謝の念に堪えないところであります」

工事経歴書によると田中建設は二〇〇九年（平成二一年）までの五年間で、福島第一原発や東電関連企業から計約五億円の工事を受注しています。

さらに福島県議だった元浪江町長が株主の建設会社にも東電は、〇九年までの三年間で約二億一千万円の工事を出しています。

電力会社とゼネコン、政治家はまさに「原発利益共同体」。そこにメスを入れることが求められています。

赤旗日曜版平成二五年二月一七日号では、「ゼネコン独占　危険手当もピンハネ　除染利権」と題する記事が掲載された。

国直轄の除染事業で国は元請けゼネコンに、作業員の一日の人件費として労務費一万一千七百円、危険手当一万円の合計二万一千七百円を出している。しかし、元請の大手ゼネコンは二千円から三千円をピンハネし、一日一万人の作業員が働いたとすると年間（九カ月）三十六億円から五十四億円もの不当利益を得ている計算となる、という内容である。

しかも、発注済みだけでも四百五十億円を超えるこの国直轄除染事業は、最初からゼネコンに丸投げされている。まず除染モデル実証事業では、高速増殖炉「もんじゅ」の研究・開発に固執する日本原子力研究機構に丸投げされ、同機構は、大成、鹿島、大林組などが幹事社となる共同企業体に発注した。モデル事業後におこなわれた先行除染や本格除染もそのほとんどを、モデル除染を受注した大手ゼネコンなどが受注している。先行除染や本格除染の下請けには、東電の関連企業も入っている。下請けの現場労働者の手に渡るのは、国から支払われている積算単価二万一千七百円の半分にも満たない一万一千円といったケースも。末端の下請け企業は、除染に危険手当一万円が出ることすら知らされていないという。

除染事業で手抜き作業が行われていただけでなく、ゼネコンに丸投げされ、ピンハネされているという実態は、赤旗が初めてスクープした。

赤旗日曜版平成二五年四月二二日号では、「〝何が何でも〟再稼働の大飯原発　扉にシールで津波対策!?」と題する記事が掲載された。

世論も、多くの自治体首長も大反対なのに〝何がなんでも〟です。野田内閣は、わずか三日でつくった「安全新基準」にパスしたと、関西電力大飯《おおい》原発三、四号機（福井県おおい町）の再稼働に突き進んでいます。調べると、その「安全対策」にはあきれるほどひどい実態が。

「政府の再稼働ありき、安全軽視の姿勢はあまりにもひどすぎる」。民主党国会議員でさえため息をつきます。

野田内閣が四日に決めた「安全新基準」。福島原発事故後の昨年三月に政府が指示した短期の〝緊急対策〟と、ストレステスト（耐性試験）さえやればいい。防潮堤や、水素爆発を防ぐ水素除去装置など時間と費用のかかる対策は計画があればいい―というのです。原発事故のさいの住民避難の防災計画もできていません。そんな段階で、「安全」のハンコを押すとは、どんな神経でしょうか―。

「やった」という安全対策さえひどい内容でした。

「実施済みというが、とても安全とはいえない」。そう語るのは東芝で原子力プラントの設計に携わっていた後藤政志さん。再稼働の条件として政府が導入した原発のストレステストの意見聴取会委員です。

まず問題なのが「原子炉周辺建屋の浸水対策」。津波で重要施設が浸水し、全電源喪失やメルトダウン（炉心溶融）にいたるのを防ぐ重要な対策です。関西電力の緊急の浸水対策は、建屋の扉などの隙間から水が入ってこないようシリコンゴムのシールを張ることでした。後藤さんは意見聴取会でも「安全性の保証はあるのか」と厳しく追及しました。

「津波の浸水では、扉自体がゆがむなど構造体としての変形が予測される。扉の変形はシール施工では対応できない。実証実験で安全性の確認もしていない。防潮堤のかさ上げも来年度。現状の浸水対策では安全性の保証はない」

建屋に浸水すれば、非常時に原子炉などを冷却する補助給水ポンプなどもあやうい。「ここが浸水してポンプが止まると冷却水が送れず、原子炉が冷やせなくなる。最悪の場合はメルトダウンが起こってしまう」。そんな事例はほかにもあります。

# 第五章

# 共産党が目指す社会とは何か

## 日本の根底にある貧困

現在、日本共産党書記局長を務める小池晃は、昭和三五年六月九日、東京都世田谷区に生まれた。父親は、証券会社に勤め、両親、親戚関係含め共産党とは一切関係のない環境で育った。

ただ、幼少のころから、戦争映画を観たり、戦争漫画を読んでは、そのたびに思った。

〈絶対、戦争は嫌だ〉

小池は、国立の進学校・東京教育大学附属駒場高等学校に進学した。

高校の教師の中には、夏休みに小林多喜二の作品『蟹工船』を読んで読書感想文を書くという課題を出すような、革新的思考を持った教師もいた。しかし、多少の影響は受けたかもしれないが、その教師が小池を共産党入党へ導いたわけではない。

小池が高校三年のころ、世界は東西冷戦時代の中にあった。

日本でも、旧ソ連による日本本土への軍事侵攻を想定した有事法制の研究がはじまり、そのことが話題にあがるようになったことで、小池は真剣に考えるようになっていた。

〈ソ連が日本に攻めてくる。これで戦争になったら、どうしたらいいのだろう……〉

どうしても戦争だけは避けたいと悩む小池に、友だちが声をかけてきた。

「共産党というのは、戦争に反対している政党なんだ。いっしょに勉強しないか」

その友だちは、民青の同盟員として活動していた。「戦争反対」という共通意識をきっかけに、小池も民青に入ることにした。

ただし、父親には内緒である。事実を伝えれば、反対されると思ったからだ。

同時に、小池は、「ＭＬ研」という学生サークルをつくった。ＭＬ研とは、マルクス・レーニン研究会の略である。

このサークルについて、小池は父親に聞かれたことがある。

「ＭＬ研って、何なんだ？」

とっさに、小池はごまかした。

「モダン・ライフ研究会だよ」

高校を卒業した小池は一年間浪人し、駿台予備校に通った。この予備校には、共産党支部があった。

小池は、誘われた。

「共産党に入りましょう」

が、断った。

「受験勉強に集中したいから」

しかし、相手は上手である。

「受験勉強をするとしても、やっぱり、ちゃんと目標を持って勉強した方がいいよ」

この言葉を、小池は素直に受け取った。

「ああ、そうですか」

こうして、小池は共産党に入党した。

このときも、親には内緒だった。

一年間の浪人の後、小池は東北大学医学部に合格した。医学部を目指したのは、少年時代にみた山本周五郎《やまもとしゅうごろう》のNHKドラマ『赤ひげ』、そして、小説家、エッセイスト、精神科医、医学博士の北杜夫から受けた影響が大きかったからだった。特に北杜夫《きたもりお》は、東北大学医学部出身ということで、小池は、北と同じ大学を目指した。

大学生になると、昭和五九年には全国医学生自治会連絡会議（医学連連）委員長として全日本医学生自治会連合（医学連）の再建に努めた。翌年、全日本学生自治会総連合（全学連）副委員長、国際部長を務めるようになった。

このころになると、父親にも小池がやっていることが知られるようになったが、父親は怒らなかった。

昭和六二年四月、大学を卒業した。小池は、大学院に残ることをせず、地域で地を這うような医療活動をしようと、民医連（全日本民主医療機関連合会）に加盟している健康文化会小豆沢病院で日々、地域医療に明け暮れた。

その後、医療法人社団北病院を経て、平成九年一〇月から代々木病院に勤務。平成一〇年になると全日本民医連理事に就任した。

平成一〇年七月の参院選を前に、共産党から小池は依頼された。

「次の参議院選に医療分野の候補者として、出馬してくれないか」

小池は、迷わなかった。

長年、医療現場で活動を重ねるたびに、小池は政治に怒りを抱いていた。

東京のきれいな街並みの中、一本ほど別の道に入れば、ボロボロの家がある。その家に往診へ行けば、凄まじいほど異様な風景の中に高齢者が一人、ポツンといる。

また、働き盛りの人が病院へ診察に来たときには、すでに手遅れの進行がんということも多々あった。

「なんで、こんなになるまで病院にこなかったの？」

そうたずねる小池に返ってくる言葉は、いつも同じだ。

「仕事が忙しくて、これなかった」

そういったことが日常茶飯事で、表面的には豊かに見える日本の根底にある貧困という実態を目の当たりにするたびに許せない気持ちでいっぱいになり、何度も怒りに震えた。

〈日本の政治をなんとかしなければ、命は守れない〉

こうして、平成一〇年七月の第一八回参議院議員通常選挙に日本共産党公認で比例区から出馬した小池は、初当選を果たす。

国会議員になった小池は、よく聞かれることがある。

「なぜ、医者を辞めて、政治の世界に入ったの？」

しかし、小池自身は、医者とはまったく違う目的の道に入ったつもりはない。

〈政治の場でできることは医者と同じだ。命を守るためには国の病気、政治の病気を治すという仕事も大事な仕事なんじゃないか〉

政治の道に進んだことは、意味があることだ。

小池は、小渕内閣時代に厚生大臣だった宮下創平《みやしたそうへい》から、あるとき言われことがある。

「小池さんの国会質問というのは、イデオロギーではなくて、医療現場の実態、生の声をぶつけてくるから、ぼくはいつも耳を傾けているんですよ」

そう言われ、小池はしみじみ感じた。

〈そういうふうに見てくれている人もいるんだな。国会議員という仕事も大事な仕事じゃないか〉

## 戦争にだけはなりませんように

日本共産党の参議院議員・吉良よし子は、昭和五七年九月一四日、高知県高知市に生まれた。土佐弁でおてんば女性を意味する「はちきん」を自任する。

父親は、現在高知県議会議員である吉良富彦。富彦は、歴史学を学ぶため上智大学に入学。日本民主青年同盟（民青）に入り、ほかの大学の生徒たちとの交流を通じて日本共産党に入党した。卒業後、地元高知県に戻り、小学校の教員となった。のちに、やはり教員であった純子と出会い、結婚した。

吉良の自宅には、高知新聞とともに「しんぶん赤旗」が届いていた。

あるとき、友人たちとの会話の中で、どこの新聞をとっているか、という話題になった。

「うちは、高知新聞と読売新聞」

「うちは、高知新聞と朝日新聞」

吉良も答えた。

「うちは、高知新聞と赤旗」

「あかはたって、何？」

吉良は答えあぐねた。

〈そういえば、赤旗って、なんなんだろう？〉

当時、四コマ漫画や、クロスワードパズルのコーナーにしか興味がなかった吉良は、「しんぶん赤旗」の概念がわかっていなかった。高知新聞としんぶん赤旗の違いについて考えたこともなかったし、そもそも新聞というものにそこまで興味も持っていなかったのだ。なので、そのときは、〈ああ、他の家とは、ちょっと違うのかな〉としか思わなかったという。

両親が共働きであった吉良よし子は、子どものころ、一人で本を読むことが多かった。両親が教員であったため、吉良の家の本棚には子ども向けのさまざまな本がズラリと並んでいた。その中に、原爆や空襲に関する本が何冊もまじっていた。松谷みよ子著、司修イラストの『まちんと』、山口勇子著、四国五郎イラストの『おこりじぞう』、丸木俊著の『ひろしまのピカ』、そのほか、東京大空襲に関するものもあった。

当時小学二年生であった吉良は、そういった絵本から衝撃を受けた。

〈戦争は、怖い〉

この頃の吉良が一番怖かったのは、飛行機であった。戦争絵本の中では、飛行機から爆弾が落とされるシーンがかならずある。それが酷く恐ろしかったのだ。

〈今、自分の頭の上を飛んでいる飛行機も、爆弾を積んでいるかもしれない。もしここで落とさ

れたら、どうしよう……〉

吉良は、飛行機の音が聞こえると、生きた心地がせず耳をふさいで隠れていた。

また、同時に衝撃だったのが、絵本に出てくる第二次世界大戦というのが、昭和一四年から昭和二〇年の出来事であり、祖父母の世代に起こったということであった。遠い昔のことであると思っていた戦争が、自分のおばあちゃんたちの頃の出来事であり、平和になってからまだ間もないということが信じられなかった。

吉良は、絵本ですらそのような衝撃を受けたので、小学校の図書館に置いてある中沢啓治の『はだしのゲン』など、恐ろしくて手に取れなかった。それどころか、子ども百科事典の「戦争」の項目にすらおびえ、「せ」のページを開くことができなかった。

そんなある日、母親の純子がこういった。

「日本には憲法九条があって、絶対戦争はしないと決めているの。今飛んでいる飛行機がいきなり爆弾落とすなんてことは、絶対にないんだよ」

それを聞いて、吉良は、自分のまわりに安全なバリアが張られているような心地になった。なんだか、救われたような思いすらしたという。

〈日本に生まれてよかった〉

また、平成二年から平成三年の間、世界では湾岸戦争が起こっていた。日本が参戦するかどうかといった内容のニュースが毎日テレビから流れる。そのたび、吉良は怖い思いをすると同時に、憲法九条の詳しいところは知らないなりに、「世界中にこんな決まりが広がればいいのに」と幼心に思ったという。

母純子は、改めて言った。

「憲法九条ができているのは、戦争中にもそれに反対した人たちがいたからなの。今も、その九条を守るために頑張ろうと運動している人たちがいるんだよ」

母は、それが共産党員だと吉良に教えた。吉良は、その話を聞き、日本共産党に信頼を置いた。「神様お願いだから、戦争にだけはなりませんように」と祈っていた吉良にとって、神様以外に頼れるものができた。日本共産党だ。吉良は、そのとき心に決めた。

## 国家斉唱を強制するのはおかしい

吉良よし子が小学校六年生の卒業式のころのことである。君が代を起立して歌うかどうかが学校で論議された。

卒業式を控えたある日、各クラスで、学級会が開かれた。

全員が、自分の意見を考えさせられた。

最終的に、学校としては、君が代を歌うか歌わないか、また、起立をするかしないかは、生徒一人ひとりの自由にしようということになった。

吉良は、起立も斉唱もしなかった。

〈君が代の君は、天皇だと勉強した。なんでわたしたちの卒業を祝う会で、天皇を称えなきゃいけないのか。筋が違うのではないか〉

これは吉良が自分で決めた意志であった。両親や、在日朝鮮人ハーフの担任に指示されたわけではない。それどころか、吉良は卒業式を終えてから両親に聞かれたという。

「あんた国歌斉唱で椅子に座ったままだったけど、どうしたの？」

愛国心の押し付けに関して、現在の吉良も、君が代という歌を好きだという人がいるのは個人の自由であると思うが、それを強制するのは、あってはならないことだと考えている。

君が代は第二次大戦中、「お国のため」「天皇のため」と命を散らした多くの若者が歌わされた歌だ。「天皇の御世が千年、万年もつづいてお栄えになるように」という内容の歌を国家として強要するのは思想信条の自由に反する。政治的に押し付けるのは、絶対にやってはならないと吉良は強く思う。

## 高知という風土

吉良よし子の通う高知県の小学校では、平和教育が盛んであった。毎年夏休みの八月六日は登校日で、かならず戦争に関する映画を観せられていた。吉良は、中沢啓治自身の原爆の被爆体験を元にした『はだしのゲン』を漫画では読めなかったが、初めて映画を観て内容を知った。

その他にも、学校主催の平和集会というものが開かれ、うたごえ運動でできた小森香子の『青い空は』や梅原司平の『折鶴』も、その教育の中で聴いた。

うたごえ運動とは、合唱を中心とする日本の音楽運動であり、社会運動である。合唱曲、平和のうた、労働歌、ロシア民謡などをレパートリーとしつつ、創作活動も行っている。昭和二三年二月一〇日、関鑑子の指導のもとに日本共産青年同盟の音楽部門として中央合唱団が結成されたことが起点であった。

また、昭和三二年から昭和三三年にかけては、いわゆる勤評闘争が起こった。公選制から任命制に変わった教育委員会制度のもとで、教員にたいする勤務評定が強行されたのに対して、それが教職員の団結を破壊し、教育の権力統制を意図するものとして教職員組合を中心に全国的に激しく展開された抗争である。吉良の母方の祖父母は、この抗争に参加した経緯もあり、県内各地を不当異動させられていた。

母純子は、吉良に言った。

「わたしは、三歳のころから『勤評反対！』って言っていたのよ」

また、さらにさかのぼれば、明治期の日本において行われた政治運動・社会運動である自由民権運動にまで歴史がある。自由民権運動の主導者として知られ、「庶民派」の政治家として国民から圧倒的な支持を受けていた板垣退助《いたがきたいすけ》は、明治七年、後藤象二郎《ごとうしょうじろう》、江藤新平《えとうしんぺい》、副島種臣《そえじまたねおみ》らと愛国公党を結成し、民撰議院設立建白書を政府左院に提出したのち高知県に立志社を設立した。

このように、吉良の生まれ育った高知県は、平和教育も活発であり、風土的に比較的共産党に対してアレルギーの少ない土地であった。吉良のほうから、親が共産党員だとか、自分は共産党を支持しているということを積極的に話したことはなかったが、普通の会話の中で友人が「わたし、共産党の考え方って凄くいいいと思う」というのを聞いたこともあった。〝赤〟だから差別されるということもなかった。

共産党の成り立ちや歴史を知らなかった吉良は、かえって純粋に疑問に思った。

〈どうしてこんなにいいことを言っているのに、選挙では伸びないんだろう？　でもわたしは、投票する歳になったら、かならず共産党に入れよう〉

## 民青に入ることにした

吉良よし子が小学校四年生の時、父富彦は市議会議員選挙に出るといい、小学校教員を辞職した。選挙自体には、吉良が中学にあがってから出馬した。市議会議員選はその年にみごと当選。幼少の頃、自分の家に「しんぶん赤旗」が届く意味もわからなかった吉良だが、父が共産党員だと理解したのは、この頃からであった。

父富彦は、そののち、市議会議員を二期務め、県会議員を一期。その次の選挙では落選するが、平成二三年の統一地方選挙にて復帰した。現在県会議員二期目である。

また、平成八年一〇月、共産党の山原健二郎が第四一回衆議院議員総選挙において小選挙区(高知一区)で一〇期目の当選を果たしている。共産党の小選挙区当選者は、山原の他には京都三区の寺前巌のみであり、山原と寺前の二人以外、共産党候補の小選挙区当選議員は現れていない。

吉良よし子が高校一年生になったある日のこと、自宅に一本の電話がかかってきた。母が電話をとったが、しばらくして吉良に受話器を渡してきた。

「少し、お話があるのですが……」

電話の主は、民青同盟の一人であった。この当時、吉良は民青同盟の「み」の字も知らない。が、母が電話を切らずに受話器を渡してきたのだから、少なくとも悪いものではないだろうと思い、詳しく話を聞くため、外に出かけた。

相手からは、民青の活動内容について聞かされた。

日本民主青年同盟とは、青年の要求実現のため、日本共産党から助言を受けて活動する青年組織のことである。

大正一二年四月五日に設立された日本共産青年同盟（共青）が民青の前身である。

おそらく、電話がかかってきた理由は、共産党員で県会議員の吉良富彦に、ちょうど年頃の娘がいることがわかったからであろう。しかし、話の内容から、現在、平和や学費無償化を目指していること、環境破壊を止める活動をしていることに真剣に取り組んでいることがわかり、吉良は民青に入ってみたいと思った。

吉良が自宅に帰ると、父母が腕組みをして待っていた。喜んでいる気配はない。

母純子が聞いた。

「どうするの？」

吉良は答えた。

「民青に、入ることにした」

母は追及してきた。

「なんで、入ると決めたの？」

吉良は驚いた。そもそも、母親が受話器を渡してくれたから、なんの疑問も抱かずに、吉良は直接話を聞きにいったのだ。

この言葉を聞いて、吉良は感じた。

〈そうか、お母さんが電話を渡したから、という理由じゃなくて、わたしが決めなきゃいけないんだ〉

## ロスジェネ世代の問題意識

吉良よし子の通った高知県立高知追手前高等学校は、公立高校の中で県下一といわれる進学校だった。吉良は入学した当初、最初におこなわれる学力確認テストで、三〇〇数名中、二〇〇番台という成績だった。その後、真面目で努力家であった吉良は、コツコツ積み上げ、最高で学年六位という順位をとれるほど学力をつけていった。

高校三年生の春休み、吉良は東京のいろいろな大学の心理学部を見学に行った。将来、カウンセラーになりたいと思っていたのだ。

吉良がカウンセラーを目指したきっかけは、平成九年に兵庫県神戸市須磨区で発生した当時一四歳の中学生による神戸連続児童殺傷事件であった。事件当時、犯人の「酒鬼薔薇聖斗」は一四歳であった。当時、「自分の居場所がないと感じる一四歳」としてマスコミから騒がれた。吉良もまた、当時一四歳であった。

また、平成一二年五月三日、九州で発生した西鉄バスジャック事件。犯人は、一七歳の少年であった。そして、吉良もこの当時一七歳。

どちらも吉良の同年代の少年が引き起こした事件である。吉良は、両事件に大きなショックを受けた。

昭和五七年生まれの吉良らロスジェネ世代は、競争教育の中で、不安をあおられて育った。「捨てられた（無視された）世代」のど真ん中にいるのではないかと、吉良はこのころからずっと感じていた。心の揺れの激しい一〇代に対し、自分に何かできることはないかと考え、思いついたのが、カウンセラーであった。

しかし、高知県内の大学には、心理学部がなかった。そのため、東京の大学を見学しにきたのだった。

都立大学、中央大学、明治学院など、心理学のある大学をピックアップしてみて回った。当時、早稲田大学にも第一文学部の中に心理学専修はあったが、名門早稲田は、自分には恐れ多いような気がしていた。しかし、「せっかく東京まで来たし、一応、念のため」ということで、寄ってみることにした。

ちょうど新歓の時期でもあり、入り口には立て看板がズラリと並んでいる。

中に入ろうとすると、守衛がパンフを渡しながら、「いろいろな学部があるから選んでいってね」と親切にしてくれた。ほかの大学では、「あまり中に入ってほしくないんだけど」と言ってくる守衛もいたので、その気さくさに驚いた。

また、学生も優しく声をかけてくれた。

「写真を撮るなら、大隈銅像、大隈講堂といっしょの方が、雰囲気がでますよ」

と、カメラのシャッターを押してくれる人もいた。

吉良は感動した。

〈全然、ほかの大学と雰囲気がちがう！〉

早稲田大学は、他大学よりずっとオープンで、学生たちも生き生きとして見えた。

吉良は決心した。

〈大学生活を送るなら、こういうところがいい。わたしは、絶対早稲田に行こう。指定校推薦がダメでも、一般入試を受ける。もし今年落ちても、浪人してでも行きたい！〉

当時、高知県立高知追手前高等学校の早稲田大学第一文学部への指定校推薦枠は一人だった。

吉良は、その枠を受けてみることにした。

結果、熱意が伝わり、吉良は推薦枠にみごと選ばれ、早稲田大学合格を決めた。

大学一年生のある日、吉良のもとに電話があった。

「ぼくたちは、民青同盟です」

早稲田に籍を置く民青の先輩から高校から大学への転籍をうながす電話だった。

「民主青年新聞を読んだり、班会という会議を開いたりして、今の政治情勢について討議するなど、いろいろな活動をしているんです」

それを聞いて、吉良は思った。

「あ！　わたし、その活動知ってる」

高校時代、民青の活動がほとんどできなかった吉良は、このまま続けようか悩んでいたところだった。

大勢の人がごった返す早稲田の中で、後日、その民青の仲間から、当時日本共産党中央委員会議長であった不破哲三の演説会に誘われた。吉良は、「しんぶん赤旗」が自宅に届いていたこともあり、不破の名前をよく目にしていた。

〈へー、生で不破さんが見られて、直接話が聞けるんだ。東京ってさすがだな〉

実際に聞いた不破の話は、非常にわかりやすかった。

講演の後、先輩から日本共産党に入党しないかと誘われた。

吉良は、先輩からの強い言葉に押され、入党の手続き用紙に名前を書いた。

その後、吉良は帰宅してから冷静になり、悩んだ。選挙があれば、日本共産党に投票しようとはずっと決めていた。しかし、政党に入るなどということはないだろうと思っていた。自分が候補者や議員になってビラを配ったり、マイクを握って話す姿など想像したこともない。できるとも思っていない。親に「なんで入党した」と詰め寄られても、理路整然と答えられる自信がなかった。

吉良は、一度は名前を記入してしまったが、一旦考え直すことにした。結論によっては「ごめんなさい、やっぱりなかったことにしてください」と言おうと思い、それから一週間悩んだ。

その末に、答えが出た。

〈やっぱり、わたしの日本共産党を支持しようという気持ちは、変わらない〉

戦前から戦争に反対していた歴史的背景、国民が主人公となる政治の作り方、きちんと一人ひとりが大切にされる社会—そういった日本共産党の「平和を求める姿勢」に、吉良は強く共感していた。

投票をするだけでなく、ほかにも支持を表明する方法はある。吉良自身が日本共産党の一員となることで、党は社会的に一人分大きくなるのだ。日本共産党を支持する人間が、明白に一人増えたことを、社会的に示すことができる。

吉良は、入党を決意した。両親にも伝えた。

二人とも、高校生の頃と同様、活動の大変さを心配するとともに、勉強を忘れるな、という姿勢は崩さなかったが、納得はしてくれた。

「あなたの本分は、もちろん学業だと思う。やるべきことをやりながら、活動をしなさい」

入党してからも、吉良よし子は、演説をおこなうなどの表立った活動はしなかった。その他、横断幕やのぼりを掲げて練り歩くピースパレードに参加する勇気もなかった。

当時、吉良は合唱サークルに入っており、そういった友達づきあいの中で共産党員であることを前面に押し出すのは、抵抗があった。吉良としては、社会的に、一人分組織が大きく見えることに意義があったのだ。

それでも、控え目ながら大学内の教室の机にチラシを配ったり、高田馬場駅周辺でシールアンケートを取ったりなどの手伝いはしていた。アンケートには、「大学でやりたいことはなんですか？」「興味があることはなんですか？」などが記されていた。民青同盟の活動に興味があればぜひ、という同盟員を増やす一環でもあったが、大学生、受験生の要求を聞く目的もあった。

また、民青同盟の班会、日本共産党の支部会などの日常的な活動にはスケジュールが合う限り参加し、総会にはかならず出席していた。

## 就職氷河期の企業実態

文学部に所属していた吉良は、漠然と出版社勤務を希望していた。が、出版社は人気業界。数人の採用枠に、何百人も押し寄せる。本気で出版業界を目指すライバルたちは、三年生どころか、二年生の頃から対策を練っていた。

吉良は、出版業界を断念した。そして、出版業界に近い分野へ進もうと思い、印刷会社を中心にまわり始めた。

また、母親がかつて美術の教師だったこともあり、グラフィックにも興味はあった。

が、印刷業界も容易に入れるわけではない。大日本印刷は一次面接で落ち、凸版印刷は、グループディスカッションまでは進んだのだが、それでも最終面接まで駒を進めることはできなかった。吉良は、就活の範囲をさまざまな業界に広げた。地域雑誌から、保険会社まで、ありとあらゆる会社を受けた。エントリーシートを提出した数だけでも、六〇社。吉良が就活をしていたのは、いわゆる就職氷河期の時代であった。

現在でもいえることだが、就職はどこも激戦であり、内定を得るための過程がとにかく長かった。説明会に参加し、筆記試験、グループ面接、グループディスカッション、社員面接、役員面接、社長面接とつづく。七次面接、八次面接まであるのは当然で、一度面接を通っても、それだけで終わるものではなかった。

当時の吉良は思った。

〈真っ暗闇の中、手すりのない階段を歩いてるみたい……。いつ落ちてもおかしくない〉

頼る者のいない、不安な気持ちが続いた。

ある面接で、吉良はこんなことを言われた。

「結婚も出産もあるし、女性を採用するのは、会社としてはリスクなんだよね」

今の吉良であれば、「そんなことないです。女性だって働きつづけられます」とはっきり言える。しかし、当時学生の立場の吉良には、「そうかもしれません」としか答えられなかった。圧倒的に強いのは企業であり、面接官の機嫌を損ねただけで、不採用になるのではないか、という恐怖にとらわれ、反論などできなかった。

志望する度合いの高い企業から不採用になったとき、両親に落ちたことを報告したら、泣いてしまいそうで、両親に心配をかけないように電話線を引っこ抜いて連絡を絶った。

そういった悔しい思いをしたときに、頼りになったのは日本共産党の支部会であった。

「若者を切り捨てるやり方はおかしい。どんどん非正規という道しか残らなくなる社会は間違っている」

支部会のそういった基本的な考えに支えられたからこそ、吉良は自分を全否定せずに済んだ。

就活を続けた吉良は、一部上場、総社員数六〇〇人ほどの東京・豊島区内の印刷会社から内定をもらった。

平成一七年四月より吉良が勤めはじめた印刷会社は、もともと、有価証券報告書、株主総会召集通知などの印刷も手がけており、法的書類のチェックも売りの一つにしていた。

吉良は、ＣＳＲの報告書作成支援の仕事に携わることとなる。ＣＳＲとは、企業が事業活動において利益を優先するだけでなく、顧客、株主、従業員、取引先、地域社会などのさまざまなステークホルダーとの関係を重視しながら果たす社会的責任のことを指す。安全で高品質な製品・サービスの提供、環境への配慮、社会的公正・倫理にかなった活動などを行っているかなどが挙げられる。日本では、二〇〇〇年代から具体的に取り組みが見られるようになってきた。

吉良の勤める会社としても新規事業であり、課題が山積みだった。しかし、配属は、吉良と、もう一人の先輩社員のみであった。

各社への営業に、吉良もアドバイザーとして訪問した。そのために、各社のＣＳＲレポートを毎年一〇〇社以上集め、情報を集めた。めまぐるしい日々が過ぎていった。

その部署に配属されて一年後、唯一の先輩だった社員がヘッドハンティングされ、吉良は一人、部署に残された。ほかに人員が補充されなかったので、その後は吉良が一人でこれまでの仕事を引き続きやらなければならなくなった。自分で情報を集め、資料をつくり、過去の事例を繙《ひもと》いた。各企業に合わせ、写真の配置や、社員のコメントの配置などのページネーションをこなしていった。丁付け、ページ割り、文書作成において、文章や画像、図版などの要素をどのページにどのように配置するかを決め、一枚一枚のページに仕立てていった。

さながら過去に目指していた編集者のような作業でもあり、吉良にとってもやりがいのある仕事であった。

しかし、吉良は、報告書を通して多くの企業の実態を垣間見るうち、気づき始めていた。実際のところ、「こういった進歩的なものに取り組んでおります」という売名行為に似た空気が透けて見える。「流行だから一応やっておきます」というのが、ＣＳＲの当時の一般的な風潮であった。

〈いくら企業が形ばかりのＣＳＲをつくっても、若者の就職難は解決しない。環境問題についても、形だけしか取り組まない企業ばかりだ……〉

この頃から、吉良は自分の本当にやるべきことがこれなのか、疑問を抱くようになっていた。

## 原爆ドームでの決意

平成一八年夏、吉良は、党の支部から声をかけられた。

「原水爆禁止世界大会に行かない？」

じつは、このときまで吉良は広島に行ったことがなかった。幼少の頃から戦争を恐れていた吉良にとって、広島は足を踏み入れられない場所であった。

中学校の修学旅行先は長崎県であったが、それすらも怖いと思っていた。

しかし、一年間仕事を続けた吉良は、社会人として自覚も出てきており、一人の大人として軸足ができていた。

〈今なら、行けるかもしれない〉

八月六日、吉良は、広島へ行くことにした。暑い中、汗をかきながらフィールドワークをし、戦跡を巡った。原爆ドーム、それから広島平和記念資料館も訪れた。

そこに展示される、穴の空いた黒焦げの弁当箱、直接熱線を浴び、皮膚を突き破るようにして生えてきた棒状の黒いツメ。どれも六〇年前の悲劇を生々しく語りかけてくる。

その一つ一つが、吉良の胸に迫った。

また、市内の川にかかる橋を渡りながら、吉良は幼少の頃に読んだ絵本を思い出した。被爆した人々が詰めかけ、流されていく。

言葉にならない思いが溢れた。

記念式典には、国内からだけではなく、世界中から人が集った。「立場の違いはあれど、二度と原爆は落とさない、あの悲劇は繰り返さない」という一点で、全員が黙祷をした。吉良は改めて思った。

〈そうだ、わたしの原点は、やはり平和なんだ〉

同じ日におこなわれていた原水爆禁止世界大会の、青年集会にも参加した。

そこで、実行委員会の広島の青年が言った言葉が、吉良の胸につき刺さった。

「みなさん、ここで、いい体験をしたと思うだけで帰らないでください。ここで得た経験を、かならず帰ってから生かしてください。一歩でもいいから、動いてください」

吉良は、目の覚めるような思いがした。

〈わたし、今まで何してたんだろう〉

確かに会社勤めで時間は限られていたが、何か自分にできることをしなければいけないと、このとき心に誓った。

平成一八年のこの当時は、第一次安倍内閣が教育基本法の改定に着手していた時期でもある。

国会答弁で安倍晋三総理は、愛国心に関する評価について、「心は評価することはできない」としながらも、「日本の伝統と文化を学ぶ姿勢や態度は評価の対象にする」との認識を示していた。改正案に反対する者からは、首相の発言について「一方的な価値観の押し付けはおかしい」「愛国心の強制につながり、内心の自由を侵害する」とする意見があった。

吉良は思った。

〈わたしだって、日本は大好きだし、日本に生まれてよかったと思っている。でも、国を愛する思いは各々が持つことであって、強制などすれば、それが戦争への道へつながってしまう〉

広島から帰った吉良は、教育基本法への着手は改悪だとし、日比谷野外音楽堂で開かれた集会に参加した。吉良が、初めて主体性を持って参加したデモ活動であった。

会社帰りでお昼に食べた空の弁当箱も持って豊島区の青年の仲間と参加したことが、印象に残っている。

吉良は、党豊島区青年支部支部長も任されるようになっていた。

## リーマン・ショックと転身

平成二〇年年末、二六歳になっていた吉良は、豊島区の地区委員長から話があるというので、豊島区地区委員会に足を運んだ。

〈最近、忙しくて会議もちゃんと開けていないから、そのことだろうか〉

吉良はドキドキしながら部屋に入った。なかには、地区委員長のほかに、区議が一名、そして同じ早稲田の文学部の先輩であり、当時日本共産党東京都委員会副委員長であった田村智子がいた。

地区委員長は、話を切り出した。

「吉良さん、都議候補になりませんか」

吉良は驚いた。自分にそんな誘いがくるとは思ってもいなかったのである。

しかし、話が話であったし、三人の熱意も相当で、さすがにその場で「ノー」と即答するわけにもいかなかった。吉良は「少し考えさせてください」と、その場を後にした。

吉良は悩みに悩み、両親に電話で相談した。

母は、吉良に問うた。

「就職氷河期の中、やっと手に入れた仕事でやっと充実しはじめている。会社も期待しているだろうに、辞めていいのか」

父富彦は、平成一九年の第一六回統一地方選挙で落選中のことでもあり、選挙の過酷さを、身をもって経験していた。

ただし、富彦はかつて県会議員に出馬する際、当時の吉良と同じ年齢の二六歳のある女性を、市議会議員に勧めている。よその家の娘には選挙に出させ、自分の娘を選挙に出さないということに葛藤があったらしく、強くは反対してこなかったという。

吉良は、両親のこと以外にも、心にひっかかるものがあった。印刷所での仕事である。

当時、吉良のもとにようやく一人後輩がついていた。それも悩みの一つとなった。自分が先輩に置いていかれて苦労したように、後輩にも同じ思いをさせなければならないのか。

当時、吉良はすでに社会人四年目。仕事の中身も見え、社内である程度地位も自分で切り拓いてきていた。「ＣＳＲのことなら、吉良に聞け」とまで言われるようになっていた。が、ＣＳＲの研究、報告書づくりを通して、吉良は思うところがあった。

〈海外のＣＳＲと違い、日本のＣＳＲは本気に見えない。世界に見せるための、アリバイづくりのようだ〉

ちょうどこの年九月一五日に、アメリカ合衆国の投資銀行であるリーマン・ブラザーズが破綻した。ことの発端は、二〇〇七年のサブプライムローン（サブプライム住宅ローン危機）問題に端を発した米国バブル崩壊を契機に起こった、多分野の資産価格の暴落である。リーマン・ブラザーズも例外ではなく多大な損失を抱えており、連邦破産法第一一章の適用を連邦裁判所に申請するに至る。この申請により、リーマン・ブラザーズが発行している社債や投信を保有している企業への影響、取引先への波及と連鎖などの恐れ、及びそれに対する議会政府の対策の遅れからアメリカ経済に対する不安が広がり、世界的な金融危機へと連鎖した。

日本は長引く不景気からサブプライムローン関連債権などにはあまり手を出していなかったため、金融会社では大和生命保険が倒産したものの直接的な影響は当初は軽微であった。しかし、リーマン・ショックを境に世界的な経済の冷え込みから消費の落ち込み、金融不安で各種通貨から急速なドル安が進み、米国市場への依存が強い輸出産業から大きなダメージが広がり、結果的に日本経済の大幅な景気後退へと繋がっていった。

そんななか、国内では派遣切りの嵐が吹き荒れた。吉良は当時の企業のＣＳＲ報告書に目を通していたが、どの会社も派遣切りについては基本的に触れていない。自社の社員ではないから、責任を持たないというスタンスなのだ。また、吉良自身も苦労してきた若者の就職活動についても同様で、企業は一言も触れようとはしていなかった。

そういう部分を隠し、労使協調をし、コミュニケーションをとりながら仕事に励んでいます、といったようなきれいごとの報告しか載せないのである。

吉良は、いくら自分が企業の社会的責任の仕事に携わっているとはいえ、印刷会社で報告書をつくるだけでは、できることに限界があると感じた。本気で企業の社会的責任を追及していくには、実際に企業のなかにいながらにして、改革をつづける道もある。

が、企業のなかで、言いたいことが言えるのか。このままでは不十分ではないのか。そのようにどうせモヤモヤするなら、政治家になり、社会的なルールをつくっていけば、目的は達成しやすいのかもしれない。自分の思いをまっすぐ訴えながら平和を目指す政治家として人生を歩むのも、一つの手だろう。

とはいえ、現実問題として、今まで築いてきた職場での役割、責任、信頼感、安定感、やりがいなどは、そう簡単に手放せるものではない。

吉良は、混乱を極めた。

しかし、決定打になったのは、父富彦のひと言であった。

ある日、吉良は、父親富彦に問うた。

「社会人としての道か、政治家としての道か。選ぶには、何が決め手になるんだろう」

富彦が、ふっと返した。

「決め手になるのは、自分の将来像をはっきりと描けるかどうかだよ」

その答えは、吉良のなかではすでに決まっていた。政治家の道であった。会社員として社会という大きなものを変える方法は、混沌としていた。いっぽう、政治家の道は、田村智子などの先輩たちが実際に社会を切り拓いていっている姿を、実際に見ている。日本共産党議員みんなの活動も見ていると、吉良にとってはすんなりと将来像が描けた。

吉良がこの旨を伝えると、富彦は答えた。

「だったら、決まったね」

吉良は決意した。

〈わたしは、まっすぐに自分の思いを訴えて、社会を変えていく、その道を歩んでいこう〉

## 四年後、リベンジしてみせる

離職を決意した吉良は、その後仕事の引継ぎに追われた。構築したノウハウをすべて後輩に受け渡し、自分がした苦労を味わわせないように努めた。

あまりの忙しさに有休消化もままならなかったが、平成二一年二月一五日、吉良は四年間勤めた印刷所を退職した。職場には、「一身上の都合」とだけ伝えた。

のちに、ポスターなどがいきなり開示されれば驚かれてしまうので、関係者の同僚、同じフロアにいた人々には、「豊島区から都議候補に立候補する」という旨の挨拶状を送った。くれぐれも、「応援のほどよろしくお願いします」とは受け取られないような文面に配慮した。

社内では共産党員だということは黙っていたので、驚かれたかもしれない。

勤めていた印刷所としがらみが残らぬよう、きっちりと雇用期間が切れたのち、吉良よし子は東京都議会議員選挙に、日本共産党の第九次公認候補として豊島区選挙区から立候補を発表した。

この時点で、七月の選挙まで準備期間が五カ月しかない。吉良には、時間も知識もなかった。選挙の「せ」の字も知らない。なにしろ、これまで会社員の経験しかないのだ。父の選挙を手伝ったこともなく、まともに選挙活動などしたことがなかった。

吉良は、何がなんだかわからないながらも、受かるつもりで全力を尽くし、臨んでいた。

朝日新聞社の「当選したら何をしますか」というアンケートに、吉良はこう答えている。

「雇用破壊をやめさせるため企業と政治の責任を追及し、雇用対策、若者の住宅サポート、待機児ゼロに力を入れます。高校生の奨学金制度や高齢者福祉も充実させ、都民みんなが笑顔で生きていける世の中をつくります」

周囲からは、「若いけど、大丈夫?」という不安と、「若いからこそ頑張って」という期待と、双方あった。

あわただしく日々が過ぎ、演説日程をこなしただけで、終わってしまった心地であった。

選挙後、総括があり、そこで「意見があれば出してください」と言われた。が、吉良は困ってしまった。

〈はて……。大変でしたということぐらいしかないな……〉

結果は、一万七六八三票を獲得するも、次点で落選。しかし、四年前の都議選から短い期間にもかかわらず、豊島区候補者としては大きく得票を上乗せした。

平成二一年は民主党への政権交代の期待の風が吹き荒れていた頃であり、そのなかでは十分に健闘した結果であるといえた。この年、豊島区では、民主党泉谷つよしが四万五一一六票を獲得し、当選している。

吉良は、落選後、党就活対策室長として実態調査をした。

平成二一年東京都議会議員選挙当時、豊島区民は自民党に対しての不満が噴出していた。豊島区選出の自民党都議が、さっぱり地元の催しに顔を出さない。党としての姿が不透明であった。石原都政に対して懐疑的な目も向けられるようになっていた。

「自民党政治はもう勘弁。政治に新しいページを開いてほしい」

そんな声があがっていた。

吉良は、心に誓った。

〈かならず、四年後の都議選で、日本共産党としてリベンジしてみせる〉

また、都議会議員になることは豊島区民への公約でもあり、一度落選したくらいで諦めるわけにはいかなかった。

吉良は、平成二二年の第二二回参議院議員通常選挙に比例代表候補として立候補した田村智子（現・日本共産党副委員長）の秘書となり、選挙活動を学ぶことにした。

吉良は、田村のもとでさまざまな団体の懇談に同行したり、政策をつくる課程を間近で見せてもらった。政治を切り拓く術を、肌で覚えた。

吉良は思った。

〈田村さんの人柄は本当にすばらしいな。一つひとつの演説を丁寧につくりあげていくし、一人ひとりの声をきちんと聞いてくれる〉

特に勉強になったのが、対話型の演説であった。

演説中、街頭の聴衆から「共産党って名前はどうなの」「ソ連と中国について、どう思う」といった声があがり、それに対して田村が理路整然と答えた。一方的な語りかけではなく、国民の声を積極的に聞きながらの演説である。吉良は、「こういうふうな質問がきたら、こう返すのか」など、現場で直に学ぶことができた。現在のSNSをつかった対話スタイルに近いものがあった。

一年間、田村の秘書を通して得たものは大きかった。

田村は、この選挙で初当選を果たす。

## 来てくれて、ありがとう

田村の参院選当選後、日本共産党の吉良よし子は、平成二五年の東京都議選を目指し、豊島区で活動を始める。

平成二三年東日本大震災ののち、吉良は豊島区民とともに被災地支援のため宮城県石巻市に赴いた。有事の際にすぐ現場に行ける共産党員となって、本当によかったと噛み締めた瞬間であった。

津波で流された現場を見て、吉良は絶句した。

〈人の生活が、こんなにも簡単になくなってしまうものなの……〉

都内から来た自分ですらこれほどのショックを受けたというのだから、当事者の心中は、いかほどであっただろう。

津波で家の中まで流れ込んだ泥をかき出したり、支援物資を届けたりした。

そうした作業の後、地元の人々に言われた。

「来てくれて、ありがとう」

吉良は、逆にその言葉に元気づけられた。

〈本当にわたしができることを、頑張らなくちゃいけない〉

豊島区に戻ってからは、放射線量の測定活動もおこなった。豊島区議団でガイガーカウンターを購入し、区内の放射線量を測り、ツイッターで結果をつぶやいた。側溝など、一部線量の高い部分はあったが、ホットスポット自体は少なかった。公園のブランコの下に敷かれたマットの数値が高くなっており、取り替えてもらうよう、区に届けたこともあった。が、時間や風向きの問題もあり、傾向がつかめず、地道な作業であった。

## 日本共産党が目指す社会

植木俊雄広報部長によると、今後の日本共産党は、地方選挙では早期に自民党、公明党を追い抜き、第一党を目指す。党建設では、二〇一〇年代に、党員を倍増させるという意欲的方向を提起している。

まず、日本共産党の力を政治の中でさらに増していくためには、躍進した力を生かし、暴走ストップ、現実政治を前に動かす国民の運動に全力をあげながら、日本共産党そのものを、丸ごと知ってもらう努力が非常に大事になってくるはずだという。

多くの人たちは、「日本共産党はわたしたちの批判の受け皿になっているが、そもそも、この政党の歴史、そして目指しているものは一体なんなのか。共産党という政党はどういう政党なのか」と思っているはずだ。そんな人たちに、丸ごと知ってもらうことが多くの支持の拡大につながり、政治の民主的転換の要になっていく。

選挙で支持政党を決める基準に新しい変化が起きている。政治に対する有権者の見る目は、公約を守るのかどうかという点に焦点を置くようになってきている。「この政党は、公約に対してブレないか」。この点での選択が選挙でも大きく影響している。

いまや時代は、「どんな国をつくろうとしているのか」という綱領を持った政党なのかどうか。それが、政党を見る物差しとなっている。

「どんな日本を実現するか」という国民への公約でもあり、その実現の日本の方針の大本、党にとっては憲法といえるのが「日本共産党綱領」である。

この綱領実現の裏付けとなるのが、党の歴史である。日本共産党は歴史的に何を成してきたのかだ。

したがって、少なくとも、「綱領」と「歴史」を通じて日本共産党とはどんな政党なのかを知ってもらうことに重点を置いている。

そして、そんな変化が起きたことで、今後、日本共産党が持っている歴史と綱領は大きな共感を呼ぶものとなって行くはずである。

日本共産党の綱領とは、日本の政治の異常といえる「アメリカ絶対」「大企業中心」という二つのゆがみを正して、名実ともに国民が主人公となる政治を実現するための課題と実現の道筋、方向を示したものである。

その特徴としては、次のようなことがあるという。

今、進めようとする改革課題は、資本主義制度の枠内での改革であり、社会主義・共産主義はその先にある改革として段階を踏んでいるということだ。そして、どの段階の改革も、少数者の力によるものではなく、多数者の議会を通じた改革であり、その実現の基礎は民主的改革課題の実現を求める国民の統一戦線と国民の中に根を張る強大な党の実現により可能となるという展望を示している。

日本共産党は九四年の歴史を持つが、戦前、戦後は侵略戦争反対、国民主権の実現という一貫した闘いの歴史である。それら障害となるものと闘い、勝ってきたのが日本共産党である。

戦前は天皇制における無謀な侵略戦争に一貫して反対した。それればかりではなく、主権在民の要求を掲げた唯一の党として、国民を侵略戦争に動員した絶対主義的天皇制を正面から否定し、改革を求め、非合法で活動せざるをえないほどの、それこそ命がけの闘いであった。

そんな厳しい闘いの中でも、党としての方針は曲げずに闘った結果、戦後憲法の中にその成果が結実したのである。

戦後、ただちに問題となったことは、日本共産党の国づくりの方向をゆがめようとするソ連、中国という「社会主義」を名乗る大国の党からの武力革命の押し付けだった。まだ、終戦直後のことだったため、日本共産党としては綱領のない時代であった。

武力革命の路線を日本共産党に押し付ける事態を巡っては、党全体はその渦中に巻き込まれることはなかったが、党の中心部分が影響を受ける状況になってしまった。しかし、党としてはその影響を受けた一部の党幹部の誤りを明らかにし、外国の党の言いなりではなく、自主独立の立場で、党の基礎方針を確立し、団結統一を固めてきた。

その後も中国やソ連からの干渉がなくなったわけではなく、引き続きさまざまな干渉が続いた。日本共産党はそれにも屈せず、日本を変えていくためには少数の暴力ではなく、多数の議会を通じた変革だということを貫いた。

こうして日本共産党綱領が、昭和三六年七月二七日、第八回党大会で決定した。自国の変革の道筋は自らの頭で、自らの国の現状に即して決める。日本の改革は多数者による議会を通じた変革の道であり、当面の改革は社会主義ではなく、資本主義の枠内での民主的変革の道であり、その拠り所が強大な統一戦線と日本共産党の建設にあるとする綱領である。議会での力を通じて社会を変革することを明確にしたのは、世界の共産主義の中でも唯一、日本共産党だけである。

今の綱領は、こうした基本を受け継ぎながら、国民だれが読んでもわかるものであり、さらに具体的な改革課題を明らかにした綱領となっている。これが、選挙での躍進を実現する拠り所となったのだ。

安倍自民党政権への対決、提案、共同の闘いでも選挙で躍進した力が生きる変化が起きている。国民の運動と党の力の前進という二つの側面で生まれている。

第一に、国政の舞台での変化である。

臨時国会の冒頭、ブラック企業根絶法案を提出し、法案は審議未了の廃案となった。が、ここで提起していた法律違反のブラックな労働を押し付けている企業の調査と指導、悪質な企業名の公表がおこなわれることになった。このことは、闘えば前進できるとの希望を与えるものとなっている。

さらに、特筆すべきは、秘密保護法案の強行を許さない院内外での闘いである。国会での特別委員会で、この法案に反対したのは日本共産党の議員だけだ。他党の立場は修正協議に応じるという立場、あるいは廃案を主張できないというあいまいな立場だった。最初から最後まで正面から反対という立場から、この法案の内容を国会の質疑の場で明らかにしたのは、日本共産党だった。つまり「何が秘密かは行政の長が決め、何が秘密かも知らされず、その秘密にアクセスするものは、公務員だけでなく、メディア、国民、国民の代表である国会議員も刑罰の対象となる」という主権者国民の知る権利の否定であり、国民の弾圧法であること。その狙いも、アメリカとともに戦争への道を開こうとするためのものという論戦を展開した。その結果、急速な反対闘争が各界から広がり、最終的には与党の賛成だけで成立となった。成立後も国民多数が反対であり、廃止を求める世論が多数を占めるという状況まで追い詰めた。

この秘密保護法での日本共産党の反対が、その後さらなる若い人たちの党員獲得につながった。若者たちの間では、原発をゼロにして自然エネルギーへ転換すべきだという運動が全国各地で広がっているが、そういう運動を広めていくことに対して、さまざまな情報がシャットアウトされる。

同時に、安倍政権がやろうとしていることは、非常にキナ臭いということに対する警戒心が広まってきている中で、秘密保護法により益々その警戒心が強まった。情報に近づこうとすれば逮捕される可能性が出てきた。干渉されるのは国民の側なんだということが法案を通じて明らかになったことが、日本共産党への追い風となった。

このように、いま、日本共産党には、新たな変化が起こっている。

一点共同で広がり、つながった人たちから、日本共産党は何を言われているのだろう。

たとえば、TPP問題がある。かつて北海道は、公共工事で道内の経済を回してきた。が、しかし、それが通用しなくなってきている。やはり、北海道は農業、漁業、観光にポイントを置き、第一次産業に第二次産業の加工、流通部門を発展させていこうという未来を描いていた。そんな矢先に、TPPが持ち出されてしまっては、北海道の農業はほとんど壊滅してしまうのだ。当事者たちは何と言っているのか。

「アメリカ経済も深刻な貧富と貧困が広がっている。かつてはアメリカに追いつけ追い越せだったが、そのアメリカがリーマンショックで深刻な貧困問題を抱え、失業が増大している。アメリカのような経済に、どうして日本が追随しないといけないんだ。やっぱり、自分たちの国の経済は、第一次産業があって、第二次、第三次産業へとさらに広がっていくという本来のあり方にすべきなのに、それと逆行しているのはおかしいじゃないか。あまりにもアメリカ寄りだ」

いっぽう、沖縄からはこんな声が聞こえてくる。

「新しい基地を建設するということは、沖縄県民からすれば何の利益もない。いっそう、深刻な基地の被害が広がるだけで、多くの人たちは反対と言っている。それにも拘わらず、繰り返しそこに基地を造ろうというやり方をする政権は、あまりにも沖縄を置き去りにしてアメリカ寄りではないか。その根本にあるのは、日米安保だ。こういうふうに押し付けられるだけなら、米国に従属していくやり方を断ち切って行くためにも、日米安保の見直しを考えなければいけない」

こんな意見を持つ人たちが多数に広まってきているのだ。

日本共産党は、憲法九条で明確にしているように、九条を活かすのだ。つまり対外的に、隣の国との間に、さまざまな領土問題、いろいろな紛争の課題が起こるが、それらについては軍事で持って解決しない。外交的努力と信頼の醸成によってこれを解決していく。対外的な紛争の問題については、そういう方向に突き進むべきであって、軍事でお互いの国が対決してしまったとしても勝者が存在することはない。中国経済、韓国経済、日本経済、この三者全体の相互が相まって経済は成り立っているのだから、軍事で解決し、処理することはあってはならない。しかも、人が住んでいないところだ。

領土問題、紛争、航空識別圏と騒いでいるが、軍事で衝突する愚を避けなければならないことは、歴史から見ても明確だ。紛争については、軍事ではなく外交交渉で道を開いていくべきであり、憲法九条の精神がそこにある。ただ、守れではない。紛争を外交的努力で解決していくことが大事なのだ。

日本共産党は、軍事に走れば相手国も軍事で対応していくという果てしない軍拡競争という拡大の力を転換して、外交的に解決できる枠組みをつくっていくということを押し出さなければ今の状況の打開はないとしている。

ましてや、安倍首相が、平成二五年一二月二六日午前に靖国神社へ参拝したことで、問題が完全に暗礁にのり上がった。

これこそ安倍首相の自滅の道である。隣国と主義主張が違うということは当たり前なのだ。そこに対して自分の価値観を押し付ける。太平洋戦争は正しかったと自称しながら靖国を参拝するのだから、火に油を注ぐことになるのは明瞭だ。

そこから転換するためには、日本共産党が提起している方向に舵を切ることしかない。最終的には選挙で決着することになるが、今の状態でも国民の世論を力にして現実政治をそういう方向に動かし前進させていきたいところだ。

日米同盟についていえば、今やアジア三一国の中で、アメリカと軍事同盟を結び機能しているのは韓国と日本だけで、他の国は軍事同盟を結んでいない。そのような状況のなかで、中国の南沙諸島の問題をはじめ、紛争に対しては非軍事で力では衝突せずに話し合いで解決するという努力がはじまっている。その動きを北東アジアでも起こし、きちんと平和な共同体をつくることこそ、危険な方向を回避することになる。この方向こそが大きな方向だということを日本共産党は提案している。そして、それに対して共感する人たちが政府を支えた関係者のなかからも増えてきている。

安倍政権の暴走の背景に、高い内閣支持率が指摘されてきたが、臨時国会の閉会後、安倍内閣の支持率は軒並み、急落。ＴＰＰ、原発、米軍基地問題で、県ぐるみの闘いとなっている地域では、ついに内閣の支持、不支持が逆転する状況が生まれ始めたということだ。

第二に、日本共産党との関わりでは、党大会に向けて取り組んでいる党勢拡大運動があるが、全支部で新しい党員を迎えようという運動でも、新しい変化が生まれている。特に、力を入れている若い世代、職場からの党員を迎え入れる活動では、顕著な変化がある。

選挙後の四カ月で、新たに五四〇〇人の新規入党者が加わった。

秘密保護法と改憲、歴史逆行の政治を許さない闘い、TPP、原発再稼働反対などの闘いで広がった新しい結びつきの中から党員を迎えている。具体的に増加している年齢層は団塊の世代が多く、同時に三〇代、四〇代の若い世代、また若手弁護士や企業経営者の中からも党員が生まれ、TPP反対では、大規模農家で自民党支持から共産党へ入党した人も多いのが新しい特徴だ。

このことは、シンパはもっといるということだ。一点共同で結びついた人たちの中から、アメリカ、財界中心の政治の基軸を国民の生活に切り替え、同時に日米安保から離脱して、自主的外交の方向に転換するという意識が広まっているということの表れである。

## 金日成に頭を下げる所以がない

もし日本共産党が政権に就くと、中国共産党が支配する中国のように、自由が無くなるのではないか、との懸念が多くの国民の間にはある。近頃は少なくなってきたが、北朝鮮と同一視されることもある。だから、日本共産党をまるごと知ってもらおうという努力はしてきたが、その努力をさらに深めようとしている最中だ。

穀田恵二は、平成一一年、村山富市《むらやまとみいち》を団長とする超党派の訪朝団に加わり、野中広務が事実上の責任者となって、多数の議員とともに北朝鮮を訪問した。

穀田は、拉致問題に触れた。

「国民は北朝鮮が拉致したんじゃないかという疑惑を感じている。なおかつ、ミサイル発射実験などの問題は、良くないと思っている。同時に日朝の国交回復は両国の国民にとって重大な課題だと考えている。そう思う国民の代表として、我々は来ており、諸問題の解決のためには話し合いが必要だ。我々は話し合いの窓口を開くために来た」

訪朝団が必ず行く場所が三つある。それは金日成《キムイルソン》の大きな銅像、生家、遺体が安置されている錦繡山太陽宮殿である。

錦繡山《クムスサン》太陽宮殿では、他党の議員が金日成を礼賛する言葉を並べ、遺体に四度頭を下げる中で、穀田と同僚参院議員の緒方靖夫だけは、それを拒否した。

〈我々の党は北朝鮮から不当な攻撃を受けてきた。それを主導した金日成に、頭を下げる所以《ゆえん》がない〉

そんな思いだった。

## “社会主義をめざす国ぐに”

中国とは、三二年間、断絶していた時期がある。日本共産党は文化大革命が発生した昭和四一年、毛沢東《もうたくとう》思想の押し付けに反対し、その誤りを批判したことで、当時、中国にいた代表団が暴行を受けるなどした。それればかりか、日本共産党の分断を図り、毛沢東派なる分派をつくり、日本の民主団体に対しても、毛沢東路線の支持と日本共産党反対の立場に立つことを強要するなど、干渉と分裂策動をおこなった。

当時の中国共産党は、日本共産党を四つの敵の一つとして、攻撃を加え、「毛沢東路線が、毛沢東神格化によって専制支配をうちたてようとしている」と真っ向から批判したことで、日本共産党の中国共産党との関係断絶が続いた。

関係が改善されたのは、平成元年のことで、中国共産党のほうから日本共産党に対して過去を謝罪し、歩み寄ってきた。

その際も、日本共産党は、堂々と注文をつけた。

「少なくとも天安門事件のようなやり方は、間違っている。政治批判には言論で対抗するのが、共産主義の考え方だ」

平成二五年一一月一三日、日本共産党は「第二六回大会決議案」を採択した。

そこには「中国と同じ社会をめざすのか」という疑問がよく寄せられることに触れて、中国、ベトナム、キューバについて、こう規定されている。

「これらの国ぐには、〝社会主義に到達した国ぐに〟ではなく、〝社会主義をめざす国ぐに〟――」

であると。

共産党の不破哲三元議長はかつて躍進した際、「軒先で雨宿りしている人に、どう家の中に入ってもらうかだ」というような表現をしていたが、小池晃は、まだ共産党を丸ごと支持してもらっての躍進だとはとらえていない。あくまでも、視野に入れてもらい、注目されているが、共産党の政策を丸ごと支持してもらうまでには、もうひと踏ん張りしなければならないと思っている。

その際、話題となるのが中国との関係である。

小池は、共産党を知ってもらうための集う会のような場では、双方向で語り合う形で質問を出してもらっている。いろいろな場所で質問を受けるが、やはり、最近、もっとも多く聞かれることは、中国のことだ。

「共産党といえば中国ですが、日本でも共産党が政権を運営することになると、今の中国のような国に日本もなるんでしょうか」

いっぽう、昔、必ず出された意見はこうだった。

「党名を共産党じゃなくて、別のものに変えろ」

いまだに、党名を変えろということを言う人もいるが、以前と比べれば減ってきている。むしろ、党名をころころ変えたり、態度を変えたりする政党が多い中、党名を変えずに頑なに共産党を貫いたことが逆に評価されてきている。

小池も、党名には党の理念と歴史が刻みこまれているのだから、変えるべきではないと思っている。

また、時代も変化している。若者には、共産党という言葉に対するアレルギーが消えつつある。「共産党」「共産主義」というイデオロギーよりも、今の若者たちには、強くインプットされた「中国共産党」のイメージに尻込みしてしまっているようなのだ。

小池は思う。

〈中国には自由がないとか、かなり軍事的に拡張しているという不安があるのだろうか……。そこは大きいな〉

だが、日本と中国を比較してみれば、わかってもらえるはずだ。

まずは、日本と中国ではスタート地点が違っているのだ。

中国は日本よりも遅れた地点から出発している国であって、今でこそ世界が注目する発展の成果を上げたが、依然として発展途上国の立場にある。現在では国内総生産（ＧＤＰ）が世界二位の巨大な経済大国となったが、一人当たりのＧＤＰは日本がＵＳドルで四万六七〇六・七二で一二位に対し、中国は六〇七一・四七ＵＳドルで八八位にすぎない。いまだ先進国と呼べる水準に到達していない。

そうした中で急速な経済成長をとげているから、貧富の格差が拡大したり、環境破壊も深刻になるなどのひずみが生まれている。日本が社会主義・共産主義への道を進む場合には、今の高度な生産力の水準が引き継がれた上で、浪費やゆがみがただされていくことになるのだから、中国のようになることはない。この点が違うということを訴えていかなければ、日本共産党を丸ごと支持してもらえるようにはならないはずだ。

確かに、中国の共産党と日本の共産党には党同士の付き合いはある。が、とりわけ親しいわけでもなく、かつてのように中国共産党から干渉攻撃を受けて、関係を断絶するようなこともなく、ごく普通の当たり前のやりとり、交流をしているだけである。

小池ら日本共産党は、中国側にはきちんと筋を通して物を言っている。たとえば、中国との間の尖閣諸島領土問題でも、はっきり伝えている。

「歴史的にも国際法上も尖閣諸島が日本の領土であることは明らか」

小池は、若者から「共産党が政権をとると、日本も中国のようになるのか」と聞かれれば、必ずこう答える。

「あなたのそばの共産党員を見てください。地元の共産党議員だって、口を酸っぱくして民主主義、民主主義と言う人ばかりでしょう。『議論を大切にしましょう』『話し合いを大切にしましょう』。そういう信条の持ち主が共産党をつくっているのに、そんな党が民主主義のない世界をつくりますか？　そんなこと、ありえない。ぼくらが、なんのために政治をしているかというと、政治的にも経済的にも民主主義が徹底した社会を実現するためです。そのために、日本の政治にモノを申している政党なんだから、それが民主主義に反する体制をつくることはありえません。そんなことになったら、まず共産党員が立ち上がります。そんな国づくりは許しません」

小池の答えを聞くと、みんなが「そうかもな……」と思い、安心したような顔をしてくれるという。

## 自衛隊はいずれ解消すべき

いっぽう、アメリカとの関係も気になるところだ。

民主主義を守る共産党としては、アメリカは民主主義の伝統国だと思っている。小池晃自身も国会議員になる前に、すでにアメリカに行き、そのエネルギーには圧倒される思いだった。

しかし、問題は、アメリカが日米安保体制で日本を軍事的に支配していることだ。

〈敗戦直後の占領軍のときと変わらない形を続けているということは、これは、あまりにも歪んだ、いびつな形だ。この形を止めて、本当の独立国同士の関係にしなければならない〉

日本が日米安保条約を廃棄するなら本当の独立国となり、アメリカ追随でもない、当たり前の友好的な関係を築くことができるようになる。かつては戦争をするほどの敵対関係だった国同士が、戦後は、従属の関係が一貫して続いている異常な関係となっている。この関係を、当たり前の関係にすることが共産党の基本的な日米関係の方針である。

小池は、日米安保体制を解消したからといって、明日から自衛隊をなくそうなどと言っているわけではない。自衛隊の軍拡や海外派兵をやめさせるなど、段階を追った提案をしている。

今の自衛隊の能力は、国を守る能力としては十分すぎるほどの力を持っている。これから強めようとしている力は、むしろ、海外へ日米一体で出ていく〝侵略力〟だ。それが、イージス艦であり、ヘリ空母である。日本を守ることと関係のない舞台が主要となっているのだから、小池は、五兆円の軍事費のうち一兆円程度は削減できるとみている。

たとえば、戦車一両一〇億円を一三両購入する。いまどき、戦車を買ってどこと戦うというのだ。ヘリ空母も潜水艦も毎年一隻ずつ購入している。こんなことは必要ない。

日本は、潜水艦を一七年ほどでスクラップしている。毎年一隻ずつ新たな潜水艦を導入していくためだ。ところが、諸外国では三〇年、四〇年も使っている。軍需産業の仕事をつくるためスクラップするという無駄はやめるべきなのだ。

日本の憲法第九条には、「軍隊は持たない」と書かれている。かつての侵略戦争への反省から、「戦争をしない国、軍隊を持たない国」をつくろうとアジアや世界に誓った国だ。

日本共産党は「現行憲法の全条項の完全実施」を掲げている。

憲法九条がある以上、現在の自衛隊は「憲法違反」の存在であり、いずれは自衛隊の解消を実現させなければならないというのが党の立場だ。

しかし、自衛隊の解消を実現するためには、徹底した平和外交の努力によって、アジア、とりわけ北東アジアの平和的安定の情勢が成熟することが必要だ。そしてそれを背景にして、「もはや北東アジアで軍事的衝突の可能性は万が一にもない。軍隊をなくしても大丈夫だ」という国民の合意も必要となる。ここまで到達するには、ある程度の時間はかかってしまうであろう。

安倍自民党政権は、集団的自衛権の行使を巡る憲法九条の解釈変更を閣議決定、安保法制を強行採決したが、これには、断固反対だ。

そもそも「集団的自衛権」には「自衛」という文字こそついているが、日本を守ることとは関係ない。わが国が外国から侵略や攻撃を受けたときの「自衛」ではなく、軍事同盟を結んでいる国、すなわちアメリカが戦争をするときに共同で武力行使に参加することなのだ。

実際に、これまでの世界の歴史で「集団的自衛権」が行使されたのは、アメリカのベトナム侵略戦争、旧ソ連によるチェコスロバキアとアフガニスタンへの侵略など、「自衛」とは無関係の大国による無法な侵略戦争だ。

元内閣法制局長官の阪田雅裕も、平成二五年八月九日付の「朝日新聞」で述べている。

「集団的自衛権の行使とは海外で戦闘に加わるということだ。自衛隊員に犠牲者が出ることや、隊員が他国の軍人を殺傷することも起こりうる」

小池は、そのとおりだと思う。

「集団的自衛権」が現実に問題になったのは、平成一二年一〇月にアーミテージ元米国国務副長官らが、『集団的自衛権の行使に踏み切れ』と迫ったのが出発点だ。

その後、アフガンやイラクへの自衛隊の海外派兵が問題になるたびに、「集団的自衛権」が問題にされてきた。

しかし、アメリカの強い要求にもかかわらず、「テロ特措法」でも、「イラク特措法」でも、条文第二条には、共通してこう書かれていた。

「(活動は)武力の行使にあたるものであってはならない」

「(活動地域は)戦闘地域であってはならない」

歴代政府が、「集団的自衛権」の行使は憲法九条に照らして許されないと言明してきたために「歯止め」がかかった。戦後の自民党政治では、憲法九条の解釈を変えて、自衛隊を大きくしたが、他方で専守防衛を掲げて、絶対に海外で武力行使はしないという一線を守ってきたと小池は見ている。それは、戦後自民党政治の矜持《きょうじ》だったのではと思う。

それを、安倍政権は、軽やかに乗り越えようとしている。

憲法解釈変更の狙いは、この最後の「歯止め」を外して、日本がアメリカとともに海外で、何の制約もなく戦争をおこなうことに他ならない。

これは、今まで自民党を担ってきた政治家にとっても、許されないことなのではないだろうか。

小池は、問いただしたい。

「こんなことを許して、いいのだろうか」

小池は、昔、自民党のある重鎮の政治家から言われたことがある。

「今の若い自民党の政治家を見ると、平気で戦争するみたいなことをいう。僕ら、戦争を経験したものからすると、本当に、おっかなくてしょうがない。きみから、教育してくれないか」

今の自民党の政治家の中に、こうした声が弱まってきていることを、小池は危惧している。

「戦後レジームからの脱却」を掲げる安倍首相は、戦後の保守政治が掲げてきた政策の根幹すら否定するような、特異な右翼的反動的な立場に立っているのではないか。

これこそ、小池は党派を超えて良識の声をあげていきたいところである。

「こういう道を進んでいいんでしょうか」

安倍政権が強行に進めれば進めるほど、政治への危機感は強まっていくのではないだろうか。

## ＴＰＰで医療制度は崩壊する

小池は、平成二五年七月の参議院選挙の際、象徴的な出来事に遭遇した。対話集会を街頭でおこなっていたときのことである。

初老の男性が「意見があります」と手を挙げた。

「僕は学生時代、共産党に大変ご迷惑をかけたんです」

年恰好を見ただけで、全共闘世代の人だと想像できた。

その男性が、小池に向かって、こう言ったのである。

「今の日本の政治を見ていると、もはや共産党に期待するしかない。ぜひ、今度の選挙で勝ってほしい。過激なタカ派政治に党派を超えて危機感を持ってほしいのだが、これに立ち向かえるのは共産党しかいない。対決する共産党に期待しています」

この言葉をかけられた小池は、実感した。

〈自民党政治にきちんと対決できる政党を、国民は求めているんだな〉

そんなことを実感するのは、個人に対してだけではない。

小池は医師だが、日本医師会が主催する場に招かれる機会も増えた。日本医師会といえば、自民党の選挙を支える中心的な役割を果たしてきた団体だ。しかし、そんな日本医師会も変わりつつあるように感じる。

「規制改革会議」などが掲げる新自由主義的な政策は日本医師会が考えている方向性とは違う。消費税も医療の財源にと約束しながら、実際はそうなっておらず、医師会員の中には不満も広がっている。そもそも今の自民党政権には、社会保障も医療も介護も、未来に向けてどうしていくかというビジョンがまったくない。

TPP（環太平洋戦略的経済連携協定）では、医療分野にも大きな影響を及ぼす。

平成二四年八月二二日、共産党の志位和夫委員長は都内で日本医師会の横倉義武会長らと懇談し、「国民皆保険」を守っていくことで一致した。その場に、小池も同席した。

共産党は、農業や食の安全、労働など、日本の国のあり方をアメリカ流に作りかえることには断固反対している。

TPPにより、医療への株式会社の参入、薬価の引き上げや医療技術など知的財産権の分野が対象にされるおそれがある。国民皆保険制度が危なくなる。

アメリカは株式会社の病院経営を長年求めてきている。そうなれば、医療の営利主義化がますます加速化していく。医療で儲けようと思えば、保険診療だけでは無理であり、どうしても自由診療になる。仮に、混合診療が全面解禁にならなかったとしても、差額徴収分を拡大していくことなっていくだろう。TPPに参加すれば、混合診療の全面解禁で保険のきかない医療が拡大し、所得によって受けられる医療が制限される危険もある。

今の日本では、国民皆保険制度があることによって、「いつでも、どこでも、誰にでも」必要な最高水準の医療内容が提供されているのだが、そこに穴が開いていく。メリットを受けるのは、一握りの裕福な人たちや、日本のがん保険シェアの八割を占めるアメリカ資本の保険会社などだけだ。

実は、医師の政党支持率を見ると、以前から自民党の次に共産党が多い。共産党は、医療政策がしっかりしているからだ。かつて、社会党が開業医を敵視し、医療を国営化するという政策をとっていた。いっぽう、共産党は日本の開業医はすぐれた制度だと評価して開業医制度を土台にして医療を発展させていく政策を打ち出してきた。

一般的には、共産党は民間というものを否定しているイメージがあるが、そんなことはない。共産党は、医療の国営化など考えてない。むしろ、開業医は日本の財産だとずっと言ってきた。そういう活動が医師たちの間には浸透しているため、昔から共産党の支持率は高いのである。

## 「自共対決」の時代へ

以前は共産党の国会議員の中にも津川武一、辻第一、浦井洋、沓脱タケ子などそうそうたる医師出身の議員がいたが、今は小池ただ一人だけになってしまった。そんな中で、平成二五年の参院選京都選挙区で、看護師出身の倉林明子が当選し、日本看護協会などから歓迎の声が寄せられていることは嬉しいことだと思っている。

これまで安倍政権の支持率は比較的高い水準を維持してきたが、安保法制の強行などを境に低下の兆しを見せている。アベノミクス効果も国民の間に実感が湧かなかったことは明らかだ。

これまで自民党が落ち目になったときに登場するのが、「受け皿」政党だった。自民党から離れた支持を共産党へ渡すわけにはいかないということで、途中の受け皿とでもいえる〝停留所〟のような政治勢力が生まれてきたのだ。九〇年代前半には〝非自民勢力の結集〟があり、後半には民主党と自由党の合併を経て、〝二大政党づくり〟が叫ばれた。そして最近では〝第三極〟の動きと続いてきた。しかし、いずれも自民党政治を補完する勢力でしかないことが明らかになり消滅していった。

そして今、「受け皿政党」が消滅した後に残ったのが自民党と共産党なのだ。

小池は、演説で、自民に対決、対案をしめす共産党の値打ちを語ってきた。

「二大政党がすたれ、第三極も自民党の応援団。日本の政治をおおう深い霧が晴れ、見晴らしがよくなってきました。すると、そこに見えてきたのは、六〇年続いた自民党政治と、まっすぐ立ち向かってきた日本共産党との『自共対決』です」

都議選での共産党躍進が、このフレーズに格段の説得力を加え、聴衆からの「そうだ！」の声にも力がみなぎるのを実感した。

共産党には、九〇年以上の歴史がある。

平成二四年九月に自民党の石破《いしば》茂《しげる》幹事長（当時）らが新三役として、共産党へあいさつにきたときも、こんな会話をした。

「自民党と共産党だけが、老舗ですね」

そういう石破に、小池は「うちは創立九〇年です」と返した。これに石破も「ほーっ、九〇年ですか」と驚いていた。

結局、老舗の自民党と共産党だけが、土台が盤石なのだ。この状況を見ると、小池は、面白い時代に入ってきたのではないかと思う。

〈政治の対立軸がはっきり見えてきた中で、国会の中で共産党がさらに躍進すれば、実力の上で

も自民党と真っ向勝負ができる〉

安保法制の廃案、原発問題、TPP、消費税などあらゆる問題で、一致する課題での野党各党との協力は惜しまない。新しい政治勢力を誕生させるためには、「野党共闘」を深化させるべきだ、と小池は見ている。

今、保守の立場の人たちも含めて、新自由主義的な経済政策に疑問を持っている人が増えている。TPP参加、沖縄の新基地建設のように、あまりにも異常な対米追随路線でいいのだろうかという疑問も広がっている。そういう大きな課題の実現という点から見れば、今の既存の政党を合併させて新党をつくるなどというのは、とるにたらない小さい話ではないか。

原発ゼロをめざす運動はねばり強く取り組まれ、全国各地で無党派の市民の参加が広がっている。秘密保護法の制定にも、短期間で広範な市民による反対運動が広がった。TPP交渉参加に農協や医師会なども各地で怒りの声をあげている。政治的な立場の違いを超えて人々が立ち上がる時代が始まった。そしてこれは、個別課題での怒りの表明にとどまらず、財界やアメリカ主導の今の政治の根本的な問題点に突き当たらざるを得なくなっていくだろう。「一点共闘」が線になり、面となって日本中に広がっていく。これは国会の中にも新しい動きを呼び起こすことになるのではないか。

〈そういう条件が、いろんな面で生まれてきている。国会の外に生まれている新しい芽が、政党

戦線でも新たな連合の条件をつくりだしていくのではないか〉

平成二五年七月二一日投開票の参院選で、共産党は比例代表で五一五万票（得票率九・六八パーセント）を獲得した。

参議院議員が一一人となったことで、共産党は議案提案権を新たに獲得した。さっそくそれを活かして、一〇月一五日に「ブラック企業規制法案」を提出し、反響を呼んだ。議員が増えたことの意味が、わかりやすい形で示されることになった。

しかし、この結果に小池は満足していない。

共産党の当面の目標は、比例代表選挙で全国六五〇万票、得票率一〇％以上を実現することだ。衆議院では、すべての比例ブロックで議席を獲得し、小選挙区でも突破していきたい。かつて、京都、高知の小選挙区で競り勝ったことはあるが、そういう局面を新たに生み出していきたい。

日本共産党は平成二五年九月一八日の中央委員会総会で参議院選挙を「実力以上のものが出た」と総括し、話題となった。しかし、これは選挙結果をリアルに分析した当然の結論だと小池は考えている。

平成二五年の参院選で得た五一五万票も、今後も安定的に獲得できる不動の得票だとは思っていない。党の政策と理念を絶え間なくアピールしていく努力なしには、維持することすら困難だろうと思っている。

同時に、六五〇万票という目標も、あくまでも当面のものだ。

小池が初当選を果たした平成一〇年の参院選挙で、共産党は比例代表区で八一九万五〇七八票、得票率一四・六パーセントを獲得している。

〈次は、もっと伸ばさなければならない。可能性はある。必ずやれるし、やらねばならない。僕が初めて当選したときは一五議席。今度は、前回の三議席より躍進したといっても八議席だ。次の選挙では今の二倍くらいに伸ばしていきたい……〉


共産党は、機関紙「しんぶん赤旗」が資金源になっていると思われがちだが、実際はそういうわけではない。機関紙の編集と発行にはばく大な経費がかかる。ましてや、今や大新聞社も軒並み経営難の時代である。広告収入に依存していない「しんぶん赤旗」にとってはなおさらだ。

財政的な面で言えば、共産党員の党費とカンパが重要な資金源となっている。

たとえば、共産党本部の新しいビルは平成一七年一月三一日に竣工したが、総予算八五億円のうち、四〇億円を募金（寄付・協力借入金をふくむ）、四五億円を積立基金によってまかなうことができた。

小池は、これこそが政党の当たり前の姿だと思っている。

今の政党は、企業献金や政党助成金に頼り過ぎている。平成二三年中に受け取った政党助成金（政党交付金）が収入全体に占める割合（税金依存率）は、自民党が七二パーセント、民主党（現・民進党）が八三パーセントとなっている。

この数字を見ていると、小池はあきれてしまう。

テレビ番組の討論の場で、「官から民へ」と何度となく叫んでいる姿を見ていると、小池は言い返したくなる。

「だったら、あなたたちはどうなんだ。税金漬けで仕事をやっているくせに。それでは、いくら税金の無駄遣いを正すと言ったって、信ぴょう性も迫力もないじゃないか」

共産党は、政党助成金も、企業や労働組合からの政治献金も受け取っていない。それも共産党への信頼を広げる大きな力になっているのがいいと言ってくれる人たちもいる。

日本共産党書記局長として小池晃は、共産党への理解を得るために、いかにわかりやすく、いかに親しみやすく共産党の政策を広めていくか試行錯誤している。

共産党が大躍進したといっても、まだまだ工夫し、改善すべき部分がある。

ある民主党議員が、「民主党の大きな過ちは、政権を取るまでの手段についてはいろんなことを考えていたが、政権を取った後のことはほとんど考えていなかったことだ」と言っていたことを、小池は今でも思い出す。

小池は、確かにその通りだったと思う。

だが、共産党は、政権をとったあとのことまで、しっかり考えている。

問題は、政権をどうやって自民党から奪うかだ。そこに、もっと知恵を出さなければいけない。

ようやく深い霧が晴れ、見晴らしがよくなり、「自共対決」が見えてきた。雨も止んできた。

小池は、こんな時期に、こういった体験、闘いができることにやりがいを感じている。

〈政策を一人でも多くの国民にどうわかりやすく語っていくか。責任は大きいが、それが日本の未来につながっている。頑張らなければいけない〉

## 中国をどう見るか

日本共産党は、平成二五年一一月一二、一三の二日間にわたり第九回中央委員会総会を開き、志位和夫委員長が報告、提案した日本共産党第二六回大会決議案を採択した。

今回は、決議案第六章で、覇権主義、大国主義の問題を取り上げた。

特に、中国などの今後について、「覇権主義や大国主義が再現される危険もありうるだろう。そうした大きな誤りを犯すなら、社会主義への道から決定的に踏み外す危険すらあるだろう。私たちは、〝社会主義をめざす国々〟が、旧ソ連のような致命的な誤りを絶対に再現させないことを願っている」とはっきり示している。

小池は、各地で講演会やセミナーを開くたびに、日本共産党がめざす未来社会に関して、「中国と同じ社会をめざすのか」という疑問が、よく寄せられることに注目していた。

「中国を見ていると、人権の問題、貧富の差がどうしてここまで広がるのか」

「知識人を抑圧したり、少数民族を抑圧する中国の覇権主義をどう見ているのか」

「社会主義国の中国やベトナム、キューバの現状をどう見たらいいのか」

「日本における未来社会の展望をどうとらえるか」

数多くの声が寄せられるが、確かに、これは大きな問題だと小池も思った。

党大会の決議案の中に、覇権主義、大国主義の問題に対する日本共産党の見解を盛り込んだのも、こうした国民の疑問に答えるためでもあった。

以下が、「日本における未来社会の展望について」の内容である。

〝社会主義をめざす国ぐに〟をどうみるか
日本共産党がめざす未来社会に関して、「中国と同じ社会をめざすのか」という疑問が、よく寄せられる。中国やベトナム、キューバの現状をどう見たらいいのか、日本における未来社会の展望をどうとらえるか。これは大きな問題である。

中国やベトナム、キューバの現在と今後をどう見るかという点では、つぎの二つの角度が大切である。

### 〝社会主義に到達した国ぐに〟ではない

第一の角度は、これらの国ぐには、〝社会主義に到達した国ぐに〟ではなく、〝社会主義をめざす国ぐに〟――「社会主義をめざす新しい探究が開始」（綱領）された国ぐにだということである。

たとえば、中国は、経済規模では日本を抜いて、世界第二位の経済大国になり、世界経済のなかでの比重を、年を追うごとに高めている。同時に、国民一人あたりの国内総生産で測ると、なお発達した資本主義国の八分の一という水準にとどまっていることも事実である。そのことは中国政府自身が、中国の現状を「大量の貧困人口を抱える発展途上国」と規定していることにも示されている。

こうして中国の場合、社会主義という以前に、社会主義の経済的土台である発達した経済そのものを建設することに迫られているのが現状である。そして、そうした経済的土台をつくる過程で、中国では市場経済を導入している。この道が合理性をもっていることは、「改革・開放」以来の中国の経済的発展が証明しているが、同時に、この道を選択すれば、国内外の資本主義が流入してくるし、そこから汚職・腐敗、社会的格差、環境破壊など、さまざまな社会問題も広がってくる。

中国の将来を展望する場合に、この国が、今後もかなり長期にわたって、貧困とのたたかい、所得格差を縮小するたたかい、発展のなかで環境を保全していくたたかい、政治体制と民主主義の問題など、さまざまな問題と格闘を続けていかなくてはならない――そういう国として見ていく必要がある。

そこには模索もあれば、失敗や試行錯誤もありうるだろう。覇権主義や大国主義が再現される危険もありうるだろう。そうした大きな誤りを犯すなら、社会主義への道から決定的に踏み外す危険すらあるだろう。私たちは、〝社会主義をめざす国ぐに〟が、旧ソ連のような致命的な誤りを、絶対に再現させないことを願っている。

わが党は、これらの国ぐにが抱えている「政治上・経済上の未解決の問題」について、内政不干渉という原則を守りながら、いうべきことは率直に伝えてきた。中国共産党指導部に対しても、中国の政治体制の将来という問題、「反日デモ問題」や「チベット問題」、「尖閣諸島問題」などについて、節々で率直にわが党の見解を直接に伝えてきた。

いやおうなしに資本主義国との対比が試される

第二の角度は、〝社会主義をめざす国ぐに〟が、社会の発展段階ではなお途上国に属しながらも、世界の政治と経済に占める比重は、年々大きくなるもとで、いやおうなしに資本主義国との対比が試されるようになっているということである。

「人民が主人公」という精神が現実の社会生活、政治生活にどれだけ生きているか。

経済政策の上で人民の生活の向上がどれだけ優先的な課題になっているか。

人権と自由の拡大にむけて、自身が認めた国際規範にそくした努力がなされているか。

国際活動で覇権主義を許さない世界秩序の確立にどれだけ真剣に取り組んでいるか。

核兵器廃絶、地球温暖化などの人類的課題の解決にどれだけ積極的役割を果たしているか。

覇権主義という点でいえば、レーニンが、勝利したソビエト・ロシアが周辺諸国との関係で大国主義的な態度に陥ることを、どんなにきびしく戒めたかも、想起されなければならない重要な問題である。

私たちは、これらの問題について、中国やベトナム、キューバが、資本主義国との対比において、「社会主義をめざす新しい探究が開始」された国ならではの先駆性を発揮することを、心から願うものである。

日本における未来社会は、きわめて豊かで壮大な展望をもっている

私たちが、社会主義日本に踏み出したときには、その出発点の諸条件を考えるならば、きわめ

て豊かで壮大な展望が開けてくる。

中国、ベトナム、キューバが抱える「政治上・経済上の未解決の問題」は、根本的には、これらの国の革命が、経済的・社会的・政治的に発達の遅れた国から出発したことと不可分に結びついている。中国やベトナムは、それに加えて、外国帝国主義による侵略戦争で国土が荒廃させられたところからの出発という問題があったし、キューバには長年にわたる米国による無法な経済封鎖という問題がある。

①未来社会への移行の過程の条件―経済力の水準について
日本における未来社会を展望した場合には、未来社会への移行の過程の条件は、異なったものとなる。

日本が、当面する資本主義の枠内での民主主義革命の課題をやりとげて、社会主義への道にすすむ場合には、発達した資本主義のもとでつくられた巨大な経済力の水準を引き継ぐことになる。その場合には、現在の中国社会で進行しているような経済の急成長、それにともなう社会的諸矛盾の拡大という現象は、決しておこらないだろう。

日本経済は、現在の水準でも、日本国憲法にいう「健康で文化的な最低限度の生活」を国民すべてに十分に保障できるだけの経済力をもっている。社会の現実がそうなっていないのは、財界・大企業の横暴な支配のもとで社会的格差が拡大しているという問題にくわえて、今日の資本主義がきわだった「浪費型の経済」―繰り返される恐慌、大量生産・大量消費・大量廃棄、金融経済の異常な肥大化など―になっているためである。

生産手段の社会化によって、資本主義に特有の「利潤第一主義」という狭い枠組みから解放され、「生産と経済の推進力」が、「資本の利潤追求から、社会および社会の構成員の物質的精神的な生活の発展」に移されるなら、人間による人間の搾取を廃止するとともに、現在の資本主義経済のこうした「浪費的な部分」は一掃されることになるだろう。そのことによって、現在の社会的生産の規模と水準でも、日本国民すべてに「健康で文化的な最低限度の生活」を十分に保障し、労働時間の抜本的な短縮を可能にすることだろう。そのことは、社会のすべての構成員の人間的発達を保障する土台となり、社会と経済の飛躍的な発展への道を開くことだろう。

②未来社会への移行の過程の条件―自由と民主主義、政治体制について

自由と民主主義、政治体制という点でも、日本での社会主義の道は、中国などとは異なる道をすすむことになる。

中国、ベトナム、キューバでは、政治体制の面で、事実上の一党制をとり、それぞれの憲法で「共産党の指導性」が明記されている。これは、それぞれの国で社会主義をめざす勢力が、革命

戦争という議会的でない道を通って政権についたことと関連がある。もちろん、議会的でない道を通って政権についた場合でも、レーニンがロシア革命の初期に実践したように、反対政党の禁止は一般的な革命の原則とはいえない。同時に、議会も民主主義の経験も存在しないという条件から革命が出発したことが、現在のこれらの国ぐにの政治体制のあり方と結びついていることを、見ておかなければならない。

日本では、このようなことは決して起こりえないことである。日本共産党は、当面する民主主義革命でも、将来の社会主義的変革においても、その一歩一歩を、選挙による国民の審判を受け、議会で多数を獲得することによって進むことを、綱領で宣言している。綱領には、つぎのように明記している。

「社会主義・共産主義の日本では、民主主義と自由の成果をはじめ、資本主義時代の価値ある成果のすべてが、受けつがれ、いっそう発展させられる」

「さまざまな思想・信仰の自由、反対政党を含む政治活動の自由は厳格に保障される」

「『社会主義』の名のもとに、特定の政党に『指導』政党としての特権を与えたり、特定の世界観を『国定の哲学』と意義づけたりすることは、日本における社会主義の道とは無縁であり、きびしくしりぞけられる」

これが綱領が国民に約束している社会主義日本の展望であるが、これはたんに綱領上の公約というだけにとどまらない。日本のように憲法で国民主権、基本的人権がうたわれ、議会制民主主義が存在する社会を土台にするならば、未来社会において、それらが全面的に継承され、豊かに花開くことは、歴史の必然である。

発達した資本主義国から社会主義・共産主義の道に踏み出した経験を、人類はまだもっていない。この変革の事業のもつ可能性は、その出発点の諸条件を考えるならば、はかりしれない豊かさと壮大さをもつものとなるだろう。そのことに深い確信をもって、未来を展望し、前進しよう。

中国の経済発展は著しいが、現実的な視点から見れば、一人当たりのＧＤＰは発展途上国並みであり、そのことは中国自身も認めている。また、急激な経済発展によるひずみも生まれている。そのうえ、中国は建国の出発点のときから、議会制民主主義などがきちんと整っていたわけでもない。そういうところから出発しているため、まだまだ多くの矛盾を抱えたままにある。

こんな状況のなか、社会主義への道を決定的に踏み誤るような事態が起こる可能性も残されており、失敗もあり得るというところまで、日本共産党は踏み込んで指摘している。

いっぽうで、日本も中国のようになるのではないかという疑念に対しては、はっきり違うと否定した。

資本主義の枠内で「ルールなき資本主義」を正したうえで、国民の合意で資本主義を乗り越えた社会主義・共産主義の日本へと進むのだ。

その場合も、日本は高度に発達した資本主義国であり、国民一人あたりのＧＤＰも世界有数ということを見れば、中国で起こっているような急激な経済発展のひずみを引き起こすような状態にはない。むしろ、浪費型の社会、一握りの人たちだけに富が分配される経済体系、バブル的な経済を解消することで、一人ひとりの国民に十分に豊かな生活を保障していけるとしている。

たとえ日本が社会主義・共産主義の社会に進んだとしても、資本主義との共存は避けられない。その中で、資本主義よりも社会主義の経済体制が優位であり、政治的にも資本主義社会よりもいっそう民主的であるということが示されない限り、そのような社会の実現はありえない。これから日本が進んでいく場合においても、まさに資本主義の頂点から進む以上、すべての面で資本主義より優位であることを納得させられない限り国民は絶対に日本共産党が示す道を進まないであろう。

多数者革命こそが新しい時代の革命の形態である。そういう方針のもとでつくっていく国なのだから、中国の現在の到達点よりもはるかに進んだ国にしなければならないし、またそうなることは間違いない。

最近の日本は、国民の暮らしや雇用を破壊する弱肉強食の新自由主義的な経済路線を歩んでいる。市場原理主義的な方向にどんどん向かおうとしている日本社会から、きちんとしたルールある経済社会をつくろうじゃないかと共産党は訴えている。

貧富の格差をなくし、労働者を保護する規制を強化し、中小企業を大企業の不当な支配から保護・育成する。そういったルールある経済社会をつくっていくことが、現在の日本社会のゆがみをただすことになるとともに、将来の社会主義・日本を築いていく条件にもつながっていくはずだ。

民主主義という点でも、国民主権、基本的人権、議会制民主主義を制度としていっそう確かなものにした上で、それを活かした形で社会主義への道へ進んでいく。だから、中国などの国々とは決定的に違うということを、大いに訴えていこうと小池は考えている。

日本共産党大会決議を発表した後、小池は、さまざまな場所で語ってきた。

憲法の問題、消費税の問題、原発の問題……、共産党の考えを話すと、だれもが「うん、うん」と頷きながら聞いてくれる。

その話が終わった段階で、小池は聴衆に問いかけてみる。

「でも、みなさん、今の中国を見ていると、日本の軍事力をもっと強めなければいけないのではないか、そのために、憲法を変えなければならないんじゃないかとか、お思いの方もいらっしゃるのではないでしょうか？」

この問いかけに、引き込まれたように耳を傾けてくれるのだ。

「もちろん、中国が日本の領土である尖閣諸島に領海侵犯や領空侵犯を繰り返すことは許せないことです。しかし、相手が軍事的な挑発をおこなっているからと言って、日本も軍事力だけで対抗していたら、事態はますます悪化するばかりではないでしょうか。

それではどうしたらいいのか。わたしたちはその答えが、いまの東南アジアにあると思っています。東南アジアといえば、かつては武力紛争を繰り返していたような場所ですし、今も中国絡みの領土問題があるんですが、東南アジア諸国連合（アセアン）のもとで、絶対に紛争を戦争にしないんだという原則を確立し、年間千回にも及ぶ各国間の協議を重ねて、信頼関係を醸成しているんです。この東南アジアでできつつあるような枠組みを北東アジアにもつくろうではないかと共産党は提唱しているのです」

共産党は党大会決議案のなかで「北東アジア平和協力構想」を打ち出した。

北朝鮮の核兵器問題や尖閣諸島などの紛争、歴史問題がある中、北東アジアに平和的環境をつくる外交努力を追求することは緊急で重要な課題である。

そのうえで、つぎのような原則に立った「北東アジア平和協力構想」を提唱した。

・武力行使の放棄や対話促進などを定めた北東アジア規模の「友好協力条約」の締結
・北朝鮮問題に関する「6カ国協議」で核・ミサイル・拉致など諸懸案の包括的解決を図り、これを北東アジアの平和と安定の枠組みに発展させる。
・領土に関する紛争問題は冷静な外交的解決に徹し、友好的な協議・交渉を通じて解決する行動規範を結ぶ。
・日本の侵略戦争と植民地支配を反省し、歴史を偽造する逆流の台頭を許さない。

日米安保条約破棄こそが共産党の政策だが、それを実現していくための重要なステップとなる構想が、この「北東アジア平和協力構想」である。

「平和的安全保障」という新しい考え方に立ち、軍拡から軍縮への転換をめざし、平和の地域共同体を北東アジアでもつくりあげるために、関係諸国が力をつくすことを呼びかけた。

平成二五年一一月一六日、日本プレスセンター（東京都千代田区）で「二〇一三日韓平和シンポジウム」というイベントが開かれた。悪化する韓日関係を改善しようということが趣旨で、韓国の汎市民社会団体連合や在日本大韓民国民団などが主催。韓国側の国会議員は一〇名ほどが参加するいっぽう、日本の政党にもすべてに出席を呼びかけたが、日本からは小池晃が出席しただけだった。

小池は、たった一人だったため、あたかも日本代表のような立場になってしまったが、このように訴えた。

「日韓関係改善のためになにが必要でしょうか。歴史は変えることはできないけれど、歴史問題に正面から向き合うことはできます。そういう役割を日本が果たす責任があります。実は、朴槿《パク》恵《ク》《ネ》大統領も北東アジアの平和協力にむけた構想を打ち出しており、それは共産党が打ち出した北東アジア平和協力構想とも重なり合うものです。これを進めていく上でも、日本の歴史認識が鍵を握っています。日本にも歴史に逆行する右翼的な歴史観に反対する理性的な批判の声があることをぜひ知っていただき、ともに力を合わせていきましょう。共産党はそういう立場で頑張ります」

この発言を、韓国側の参加者が大歓迎してくれた。小池のまわりには大勢の人垣ができ、名刺交換をしていたため昼食を食べ損ねるほどだった。

小池は実感した。

〈こういう提案は、アジアの中でも共通の理解が広がっていくことは間違いない。アジアと共通の言語を持っているのが共産党なんだ。ぜひ、そういう役割を果たしていきたい〉

## 慰安婦問題の捉え方

小池は、戦時中、従軍慰安婦の移送や慰安所の設置に旧日本軍が関与したことは間違いないとみている。

〈証拠がないというが、暴力的に誘拐してきたという証拠を残しておくわけがない。日本軍が占領しているところに、軍の関与なしに勝手に慰安所をつくるなんてことができるわけない。あきらかに、軍の命令で慰安所を設置したという証拠も残っているのだから。これを否定するなんて、国際的に通用しない〉

慰安婦の問題は、戦争犯罪・植民地犯罪であるが、欧米諸国は女性の人権問題としても厳しい目を向けている。だから、ヒラリー・クリントン元国務長官も「セックス・スレイブ」（性奴隷）という言葉を使って厳しく批判している。元外交官・東郷和彦《とうごうかずひこ》は、「世界」二〇一二年一二月号の中で、第一次安倍政権時代の平成一九年五月、東郷がアメリカ人から言われたことを次のように紹介している。

日本人の中で、「強制連行」があったか、なかったかについて繰り広げられてる議論は、この問題の本質にとって、まったく無意味である。世界の大勢は、誰も関心を持っていない。性、ジェンダー、女性の権利問題について、アメリカ人はかつてとはまったく違った考えになっている。慰安婦の話を聞いたとき彼らが考えるのは、「自分の娘が慰安婦にされていたらどう考えるか」という一点のみである。そしてゾッとする。これがこの問題の本質である。

ましてや、慰安婦が「甘言をもって」つまり騙されてきたという事例があっただけで、完全アウトである。「強制連行」と「甘言で騙されて」気がついたときには逃げられないのと、どこが違うのか。

これは非歴史的（ahistoric）な議論なのである。現在の価値観で過去を振り返って議論しているのだ。もしもそういう制度を「昔は仕方がなかった」と言って肯定しようものなら、女性の権利の「否定者」（denier）となり、同盟の担い手として受け入れることなど問題外の国ということになる。

解りやすい例でいえば、「建国の頃アメリカは奴隷制を受け入れられていたのだから、歴史的には奴隷制は当然の制度」という議論が、今のアメリカでは全く受け入れられないことは、日本人にも理解できるのではないか。「慰安婦制度は歴史的にはやむを得なかった」という議論は、全くそれと同じに聞こえる。

この指摘を、小池はその通りだと思った。

〈このままでは日本は、アジアだけでなく、ヨーロッパ、アメリカからも国際的な立場を失うことになる〉


日米関係のあり方も、これから変わっていくと小池は見ている。

アーミテージ元国務副長官が、日本に集団的自衛権の行使を求めていた時代とは、世界情勢も変わってきている。アメリカは、シリアへの軍事介入も見送った。

同時に、日韓関係、日中関係が悪化するような状況をアメリカが望んでいるわけがない。

アメリカは表では、集団的自衛権の行使を日本に要求しているものの、実際は困惑しているというのが本音ではないかと小池は思っている。

かつては、日本がアメリカの戦争に巻き込まれるという議論があったが、いまやアメリカの方が日本がアジアで起こす戦争に巻き込まれることを懸念しているのではないかという話もある。

小池も、尖閣諸島で軍事的な衝突は絶対に起こしてほしくないということがアメリカの中にもあるのだとみている。

## 尖閣・竹島問題

尖閣諸島や竹島の領土問題を巡り、日本と中国・韓国の間に緊張を激化させ、関係を悪化させるような発言や行動が続いている。

日本共産党は、尖閣諸島の日本の領有は歴史的にも、国際法上も正当なものだと主張している。中国が尖閣諸島の領有権を主張しはじめたのは一九七〇年代に入ってからであり、昭和四四年に公刊された国連アジア極東経済委員会（ECAFE）の報告書で、尖閣諸島周辺の海底に石油・天然ガスが大量に存在する可能性が指摘されたことが背景にある。これでは、まったく道理がない。

この問題で日本政府は、中国との国交正常化の際には「棚上げ」にしてしまい、その後は「領土問題は存在しない」という態度を取っている。「存在しない」というのは一見強い立場のようだが、その結果、日本の領有権を主張することができない「自縄自縛」に陥ってしまっている。

共産党は、尖閣諸島を巡って、両国間に領土に関する紛争問題が存在することを認めた上で、日本の領有権の正当性を堂々と主張することで解決するべきだとしてきた。歴史的にも国際法上も日本の領有権には確かな根拠があるのだから、それを中国にも、国際社会にも堂々と訴える、本腰を入れた外交交渉に取り組むべきだという立場だ。

また、竹島問題は、日本も韓国もアメリカの同盟国なのだから、その両者がいがみ合って角を突き合わせている状況に、アメリカは頭を痛めているはずだ。

竹島も日本が領有を主張することには歴史的根拠があるが、いっぽうで、竹島の日本編入は、日本が韓国を植民地化する過程で、韓国の外交権が奪われていたもとでおこなわれた。この竹島編入が侵略の象徴という韓国側の思いも受け止めるべきだ。従軍慰安婦問題の解決を含め、日本がこれに応える冷静な議論をしなければ解決の道は開かれない。そのための外交のテーブルをつくる努力をすべきなのだ。

日本共産党の志位和夫委員長が平成一八年の初訪韓の際、韓国要人との対話でこんなことを話した。

「わが党は、一九七七年にこの問題についての見解を発表していますが、竹島（独島）の領有権を日本が主張することには、歴史的な根拠がある」

まず、はじめに志位は自分たちの立場を率直に伝えた。

そこまで言う志位に、韓国要人は聞き返してきた。

「共産党がですか」

一瞬、会談は緊張した。

志位は答えた。

「そうです」

そして、こう続けた。

「同時に、この問題が、一九〇五年に起こったということをわたしたちは重視しています。すなわち韓国の植民地化する過程で、これ（竹島の日本への編入）がおこなわれたことも、まぎれもない歴史的事実です。韓国はすでに外交権を剝奪されており異議を申し立てる条件がありませんでした。ですから、韓国側の言い分も検討しなければならないと考えています。植民地支配への反省という問題が基礎にないと、この問題は、冷静に話し合いができないと思います。その反省の上に、事実を付き合わせる冷静な共同研究が必要ではないでしょうか」

そう話したところ、韓国要人も返した。

「いいお話をありがとうございます。植民地化の過程については、わたしの方からあえて申し上げなかったのですが、それについて志位委員長の方から言及されたというのは、非常に意味のあることだと思います」

会談では、一瞬の緊張が走ったが、最後は友好的な雰囲気で終わることができた。

このエピソードからもわかるように、日本政府が、植民地支配の不法性、その誤りを正面から認め、その土台の上で竹島問題についての協議を呼びかけるなら、歴史的事実に基づく冷静な話し合いが可能になるのだ。

日本政府も外務省も、そういう立場でやらなければ、事態はまったく進展しないのである。

## 日本共産党が政権を獲る日

日本共産党副委員長の市田忠義は、思っている。

〈今度の勝利は、われわれの実力以上の勝利だ。もっと強い党をつくらなければいけない〉

自民党への対抗軸をきちんと示すことができる「野党共闘」の動きと共産党の躍進を一過性のもので終わらせないためにはどうすればいいのか。そのために重視しようと考えていることが三点ほどある。

その一つ目が、安倍政権の暴走を止めてほしいという国民からの期待を共産党が裏切らないことだ。そのために、国民運動と国会論戦をやっていく。

平成二五年一〇月一五日、共産党は、若者をはじめ働く人間を、過酷な労働に追い立て、モノのように「使い捨て」「使いつぶす」ブラック企業を国政の大問題として訴えてきたが、参議院選挙の前進で獲得した議案提案権を活用して、国会に「ブラック企業規制法案」を提出した。

「ブラック企業」という言葉はいまや常識用語になったが、若者が使い出した造語を政治の場で使うようになったのは共産党である。そのうえ、「ブラック企業」が新語・流行語大賞を受賞するほどまでに浸透した。

この法案を提出したことで、共産党は「自分たちのためにやってくれる」という姿勢を示すことができたはずだ。

今後も、若者や多くの国民からの訴えを共産党が汲み取り、「共産党に託したらやってくれる」という姿を見せていかなければならない。

二つ目は、前回の参院選比例代表で五一五万票を獲得したが、票を投じてくれた人たちすべてが共産党の考え方を全面的に支持してくれているわけではない。あくまでも消去法の結果、残ったのが共産党だったという人たちも大勢いたはずだ。この人たちに、共産党を丸ごと支持してもらうようにしなければならない。

いま、共産党では、共産党を丸ごと知ってもらうために、「日本の前途と日本共産党を語る集い」という小規模な集いを、あちこちで無数に開いている。演説会でなく小規模な集いの場であるため参加者から質問を出してもらい、みんなが思っている疑問一つひとつに答えていくことができる。

たとえば、「なぜ党名を変えないのか」、「なぜ、政党助成金もらわないの」、「党に入ると縛られるから嫌だ」、「中国、旧ソ連とどう違うの」といった質問が出されるが、市田はユーモアを交えながら答える。そうすると、ときに笑い、うなずきながら聞いていた参加者から「この話を聞いてもらえれば、わかってもらえる」という声が寄せられるようになるのだ。

こういった小さな努力を積み重ねていくことも大事である。

そして、三つ目は、「しんぶん赤旗」日刊紙の読者数が、この一〇年余の間に三六万人から二四万人余に減少している。この読者数の減少に歯止めをかけ、増やしていかなければ次の選挙で躍進できるはずがない。「しんぶん赤旗」をもっと手軽に手に取って読んでもらいやすくするために努力しなければならないのだ。

じつは、九州電力による「やらせメール」事件を他紙に先駆けて報じるなど、「赤旗」発のスクープも決して少なくない。企業の広告を掲載しないため、しがらみがないことが最大の武器である。

「しんぶん赤旗」は党勢拡大の基盤である。読者数を増やしていくことも、共産党の躍進へのカギを握っている。

松本善明は、いま、二三歳で入党したときのように、あらためて人類の進歩と繁栄のために、持っているすべての力を尽くして闘うことのすばらしさを、噛みしめている。

〈核兵器廃絶と軍事費の削減に向けて、これから本格的な戦いを始めなければならない……〉

世界情勢は、政治的にも経済的にも大きく変わってきている。ブラジル・ロシア・インド・中国の四カ国のいわゆるブリックスの勢いもめざましい。第三次世界大戦を起こさない、あるいは無いというのが世界の共通認識になっている。

そういう大きな流れと変化のなかで、アメリカはもはや、国力の低下で世界の絶対的強者・支配者では無くなってきている。権威も落ちてきた。アメリカが絶対的支配権を持っているという日本の状況も、長く続くとは考えられない。

昭和二三年、東大法学部政治学科在学中に日本共産党に入党の松本善明は、自信に満ちた表情で言い切った。

「国民の日本共産党に対する印象が大きく変わってきていることを実感している。かつてのようなアレルギーを感じる人は少なくなってきている。特に若い有権者たちは、純粋な目で日本共産党の政策や考え方に関心を持ってくれている。五〇年以内には、与党として日本共産党の政策を実現していくのも夢ではないと実感している。世界情勢の変化も追い風になる、と分析している。共産党から総理大臣が出るには時間がかかると思うが、ここ二〇年から三〇年の間に、閣僚を出すことは夢ではない」

果たして、その夢が実現されるのか、それともあくまで夢に終わるのか……。

平成二八年夏の一大政治決戦、参議院選挙は今後の日本の命運が分かれる歴史的エポックとなるだろう。「野党共闘」という歴史的決断をした日本共産党が、その台風の目であることは確かだ。

# あとがき

本書執筆にあたって、日本共産党の松本善明、市田忠義、小池晃、穀田恵二、畑野君枝、吉良よし子の諸氏、日本共産党広報部長植木俊雄氏、「しんぶん赤旗」記者の山本豊彦氏、キラキラ☆サポーターズのささやきタロー氏、山本由里子氏の取材を得ました。また、日本共産党中央委員会広報部の長沢初江氏、黒田文哉氏にも、連絡をはじめ協力をしていただきました。お忙しい中、感謝いたします。

本書の構成、叙述については大下自身に帰属するものです。

本文中、敬称は略させていただきました。

また、不破哲三著の『日本共産党史を語る　上』、日本共産党中央委員会の『日本共産党の八十年　一九二二〜二〇〇二』、伊藤隆、御厨貴、飯尾潤共著の『渡邉恒雄回顧録』、大宅壮一著の『権勢と反逆を生む・山口県』、『京都左翼の系譜』、『朝日新聞』、『産経新聞』、『毎日新聞』、『読売新聞』、『しんぶん赤旗』を参考にさせていただきました。

なお、本書は、拙著『日本共産党の深層』（イースト新書 二〇一四年）に、新たな取材の上、大幅加筆した作品です。

平成二八年六月

大下英治

日本《にほん》共産《きょうさん》党《とう》秘録《ひろく》

二〇一六年七月一五日　初版第一刷発行

著者　大下英治《おおしたえいじ》

編集・発行人　木村健一
発行所　株式会社イースト・プレス
〒一〇一-〇〇五一
東京都千代田区神田神保町
二-四-七久月神田ビル
電話　〇三-五二一三-四七〇〇
FAX　〇三-五二一三-四七〇一
http://www.eastpress.co.jp
DTP　小林寛子
印刷所　中央精版印刷株式会社


ISBN978-4-7816-1441-0